U0568820

超越空心化

·吴重庆　著·

中国人民大学出版社
·北京·

自序：追寻内生力量，超越空心化

改革开放以来，中国农村尤其是中西部地区农村，出现了较为严重的空心化现象。许多人几乎已经习惯地将“空心化”与中国农村画等号，进而认为空心化不可逆，而农村的唯一出路在于城镇化。在这样的判断与舆论之下，拥抱城镇化与唱衰农村大有相辅相成之势。

当然，中国农村的发展自有其轨迹，绝非任由舆论牵引。近年来，随着脱贫攻坚和乡村振兴战略的相继推进，农村空心化趋势在一定程度上得以扭转。2021 年公布的第七次全国人口普查结果显示，与第六次全国人口普查相比，部分远离大城市的县域常住人口不减反增，即为明证。那么，我们应该如何理解农村空心化的反向运动？

历史人类学的“华南学派”倡导“在历史中寻找中国”，我想，做农村研究，也需要抱有“在具体的区域中寻找中国农村”的信念。“具体的区域”不是指同样免不了有些抽象的“南方”“北方”或者“东部”“中部”“西部”，而是能够寻找到地脉、人脉、文脉的地方社会及人群。我们要了解其地理环境、资源禀赋、社会构造、生计方式、外部约束等。试图在“具体的区域”中寻找中国农村，其实也是试图理解其内在的发展逻辑，追寻其内生的力量。

由于个人在时间及精力上的限制，加上田野调查的因缘际会，本书仅举三类农村区域调研作为“在具体的区域中寻找中国农村”的尝试。为了形象及方便起见，我权且将此三类区域称为“隙地”“狭地”“边地”（简称“三地”），并以位于鲁苏豫皖四省交界的菏泽市郓城县和东明县作为“隙地”的例子，以人均耕地面积不足三分的福建沿海莆田市孙村作为“狭地”的例子，以西南边陲云南临沧市凤庆县和四川凉山州昭觉县作为“边地”的例子。

一、“隙地”的县域城乡流动

细察根据第七次全国人口普查数据绘制的 2010 年至 2020 年全国区县常住人口变动地图（在地图上，绿色代表常住人口减少，红色代表常住人口增加）发现，虽然中国的人口分布大体上依然符合“胡焕庸线”所揭示的情形，但也有新的变化，即东北的常住人口明显减少，常住人口进一步往东南沿海省份集中。还有，在有关大型城市的周边，除了出现红色（新设立的区），往往紧挨着红色的就是深绿色（紧挨着新区的县），这说明大型城市对周边人口的虹吸效应是客观存在的。而出乎意料的是，我们在这份地图上发现了另外一些红色区域，那是一批远离大城市的县域，并且往往在数省交界地带。

我们知道，今天依然保持县这一行政建制的，一定是个以农业为主要经济活动的区域。按理说，这样的地方应该是人口外流最为严重的空心化地区，但为什么其常住人口十年来不降反升？这不由得让人想起毛泽东于1928年写就的名篇《中国的红色政权为什么能够存在?》。毛泽东说："一国之内，在四围白色政权的包围中，有一小块或若干小块红色政权的区域长期地存在，这是世界各国从来没有的事。"[①]"这种现象产生的原因有两种，即地方的农业经济（不是统一的资本主义经济）和帝国主义划分势力范围的分裂剥削政策。"[②]地方的农业经济可以自给自足，帝国主义划分势力范围可以形成"隙地"，二者结合使得红色政权存在下来。这也是米格代尔所说的"革命的政治地理学"，即发生革命的地方"似乎总是那些市场结构不完善的地区"[③]。（上文对毛泽东和米格代尔文献的引用，是从地理意义而不是政治意义上说明今天的"隙地"常住人口不降反升的原因。）

借用"隙地"的概念，今天位于数省交界处的、远离大型城市的、十年来常住人口增加的县，可以说是在一定程度上避开大型城市虹吸效应的"隙地"。随着在县城实现第三产业就业机会的增加，原外出务工者部分回流，他们兼顾在家的农业生产，形成了新鲜农副产品的地方性市场，出现了县域内城乡流动的新局面。如果我们能够对全国范围内十年来常住人口增加的县进行深入的调研，相信将有助于我们理解城市辐射农村与城市虹吸农村之间的本质差别，有助于我们理解乡村振兴的内生力量。

二、“狭地”的空心化反向运动

我们往往习惯于说“地广人稀”，但其实还有“地狭人稠”。浙江和福建两省的一大批农业县，是比较典型的“地狭人稠”。根据第三次全国国土调查，全国耕地面积为19.179亿亩；根据第七次全国人口普查，全国人口数量为141 178万人。全国人地比例为全国人口数量除以全国耕地面积，得出的平均数为每公顷11.04人。而在“地狭人稠”区域，其人地比例是全国平均水平的二至四倍。按理说，这种既是农业县又是地少人多的地方，应该是铁板钉钉的空心化重灾区了。但对第六次和第七次全国人口普查数据进行比较发现，这一大批“地狭人稠”的农业县，恰恰是十年来常住人口普遍增加的区域。

从浙东到闽南，“狭地”的农业县不仅缺耕地，还缺水。如果完全依靠农业，根本不可能养活在地的人群。所以，习惯上被称为农民的人群，虽然世代生息于“狭地”，但在他们的生计方式上，其实一直是兼业的形态。农忙时从事农业，农闲时非农就业，主要是从事游走式手工业经营，农业并非家庭经济收入的主要来源。

据我有限的观察，“狭地”的传统家庭规模似乎比其他地方大，其大家庭的比例也比其他地方高。也就是说，起码在改革开放前，其核心家庭的比例相对较少。如果要探究原因，大概可以从其生计方式即游走式手工业经营中寻找。游走式手工业经营者离家在外的时间可长可短，这取决于其需要回家照顾家庭的迫切程度。如果离家而无后顾之忧，则尽可以在外远距离游走经营。一般情况下，游走式手工业经营者的活动半径越大，离家时间越长，经营效益就越好。而大家庭的分工协作、共居同爨正好可以有力解除他们的后顾之忧。游走式手工业经营的生计方式与大家庭结构是在长期的历史过程中相互适应的结果。而大家庭结构无疑也降低了人口繁育的成本，促进了人丁兴旺。

游走式手工业经营还造就了“狭地”社会的开放性。“狭地”村庄的地理边界从来就不是其社会边界。更重要的是，不仅游走式手工业经营广结外向型社会网络，而且“狭地”的这批游走式手工业经营者本身就是一支可以随时开展外向型经济活动的稳定队伍（人力资源），这奠定了“狭地”的乡土韧性，即可以捕捉各种转瞬即逝的外部创业机遇。“狭地”人群善用乡土社会网络创业，最终形成“同乡同业”的业态。我们如果检视浙、闽“狭地”十年来常住人口增加的农业县，几乎都可以发现诸种“同乡同业”。“同乡同业”的特点是不同程度的离土不离乡，是对城乡关系中“边缘—中心”格局的再构造，在一定程度上体现了乡村空心化的反向运动，这是“狭地”农业县常住人口不降反升的奥秘。当然，由于资本开始介入部分资本密集型的“同乡同业”，“同乡同业”也在发生变化。

三、“边地”的内发型发展

陶渊明诗曰“心远地自偏”，这是强调心态的作用。骆宾王《秋日山行简梁大官》还有“地偏心易远”之叹，这是环境使然。由于地理、交通所限，以及存在语言、技能、经验、习俗等与经济发达地区的融合问题，“边地”人群对加入外出务工热潮比较谨慎。因此，在“边地”，还有不少小农户在认真从事农业。本书关于小农户的研究，是基于在云南凤庆县和四川昭觉县的调研。

内发型发展是指当地人群在小地区范围内基于传统开拓出发展的途径，注重发展过程中的自主性、协调性以及可持续性。在“边地”调研，能够强烈感受到小农户的勤劳。小农户大多选择小规模多品种种植的农业经营方式，如茶树与核桃、魔芋套种。我们知道不同农作物的农时不一，单一种植导致农闲时间过长，多种种植可以充分利用劳动力。除了多种种植，小农户还种养结合，饲养牛、羊、猪、鸡，这有助于他们将劳动时间从白天的田间延长到夜晚的畜栏，也可以将家庭的半劳力、弱劳力善加利用。在昭觉县龙沟乡龙沟村，我们还看到村民协作放养生猪的场景，往往是七八户人家将猪集中起来，每天由其中一户人家出一个半劳力轮流放养。“边地”人民充分利用劳力小规模多品种种植及种养结合的生计方式，其实也是基于地方的经济逻辑和社会文化逻辑：小规模多品种种植利于地产地销，通过在地的周期性集市及小农户个人借助微信建立的社会网络就可以大体解决流通销售问题；种养结合使小农户在一些特殊日子和场合可以用自养牛、羊、猪宴请亲友或者走礼，以维持及促进互助互惠的社会关系网络。在此意义上，对小农户来说，之所以不愿意选择农业龙头企业组织的单一种植，是因为那样的话不仅无自主性，市场风险大，而且还得花费大笔现金购买牛、羊、猪等，最后得不偿失。

“边地”小农户的内发型发展使得农业活动较深地嵌入地方的经济、社会与文化的脉络之中，这在一定程度上减缓了农村空心化。事实上，根据第七次全国人口普查数据，昭觉县的常住人口也是不减反增，从 2010 年的 240 040 人增长到 2020 年的 252 435 人；凤庆县的常住人口仍然减少，从 2010 年的 458 330 人下降到 2020 年的 385 420 人。

以上“三地”之说只是为了强调“在具体的区域中寻找中国农村”的重要性，本书在编排上并没有以“三地”为框架。本书主要由以下内容构成：一是立足于“大国小农”的国情农情，研究小农户为何被“去能”以及如何“赋能”，关注内发型发展及县域城乡流动；二是聚焦“同乡同业”现象，剖析经济活动与乡土社会网络如何互嵌以及乡村空心化的反向运动；三是阐述乡村空心化、阶层分化背景下乡村社会治理的本土化策略以及乡村社会的生机。这三类内容尽管有一定跨度，但都与空心化或反空心化相关。可以说，小农户赋能、“同乡同业”经济活动、县域城乡流动、内发型发展以及乡土重建，共同构成了超越空心化的力量与途径。

本书也是我思考反空心化、去空心化、破空心化的心路历程的记录。本书名为《超越空心化》，既是对中国农村发展新动向的揭示，也是对中国农村发展未来的期待。中国农村的空心化是重大社会制度变迁的产物，我期待并且相信，随着新时代进步性社会制度的深入实施，中国农村的空心化并非不可超越。

2023 年 1 月

注释

①毛泽东．毛泽东选集．第 1 卷 .2 版．北京：人民出版社，1991：48.

②同上 49.

③米格代尔．农民、政治与革命：第三世界政治与社会变革的压力 . 李玉琪，袁宁，译．北京：中央编译出版社，1996：201.

目　录

第一章　小农与扶贫

本章所谓的小农是指家庭的主要或者辅助劳动力至今仍然投入在家庭联产承包责任制制度下获得的耕地上，从事农业劳动并以农业作为家庭主要收入来源的农户。之所以将小农与扶贫联系起来讨论，一是有鉴于我国部分地区都较为普遍地存在小农与贫困户交集的现象；二是希望通过施行普惠小农的农业政策，降低扶贫成本，提高扶贫精准度。

重提小农

在中国以往社会主义实践以及今日市场化改革时期，“小农”都是被严重污名化的。以往社会主义实践为了推动集体化，小农自是成为落后生产力的代表。诸如“旧社会的堡垒”“日趋没落”“保守”“愚蠢地固守旧制度”等，都是攻击小农的耳熟能详的说辞。正如马克思所说：“小农人数众多，他们的生活条件相同，但是彼此间并没有发生多式多样的关系。他们的生产方式不是使他们互相交往，而是使他们互相隔离。……没有任何多种多样的发展，没有任何不同的才能，没有任何丰富的社会关系。每一个农户差不多都是自给自足的，……他们取得生活资料多半是靠与自然交换，而不是靠与社会交往。”[①]“由于农民家庭不依赖于市场和它以外那部分社会的生产运动和历史运动，而形成几乎完全自给自足的生活，……这种形式完全适合于为静止的社会状态提供基础”[②]。本来以往社会主义实践是市场化改革的对象，但吊诡的是，市场化改革为了推动体现资本利益的现代规模化农业，顺手借用以往社会主义实践对小农的批判作为污名化今天小农的策略。

尽管小农长期被污名化，但因为中国是一个经历过土地革命，同时人均耕地面积极为有限的农业大国，所以在去集体化之后，以家庭作为农业经营单位的小农经济还将较普遍地存续下去。对今日小农的肯定或者否定，直接关系到中国农业发展道路的选择、农民的长远生计以及农村社会的稳定。随着市场化改革的步步推进，有人提出有无必要改变我国现行的以家庭联产承包责任制为基础的农业生产经营形式。在此背景下，对小农的讨论重新浮出水面。

关于小农问题的争议，大体上存在以下四种观点：第一种观点认为中国农业发展应该效仿美国，走现代化、规模化、资本密集型的道路，小农经济势必会被淘汰。这种观点基本上基于新自由主义立场，为有些政府官员所认可，已经成为制定

“去小农化”的农业政策的主导性观点。第二种观点主张家庭内部以农补工，即家庭收入主要靠打工，农业收入作为辅助性收入，小农经济的存在可以起到“蓄水池”和“稳定器”的作用。这种观点是基于对国家工业转型升级的认识，基本上持国家主义的立场。第三种观点批评国家扶持农业“龙头企业”，肯定小农经济的存在价值，但也看到小农经济在流通领域面临商业资本的盘剥，主张进一步开展农户之间的合作，实现产、供、销“纵向一体化”。第四种观点事实上是针对第三种观点而提出的，即认为在今天农业资本化的浪潮下，农村的生产关系发生重大变化，小农的主体地位已不复存在，小农不再是20世纪80年代初相对独立的直接小生产者，其在生产和流通领域都隶属于资本体系，此即所谓“阶级分析派”。

《开放时代》在2012年第3期和2015年第5期先后推出了“中国新时代的小农经济”和“中国农业的发展道路”专题，黄宗智、陈锡文、贺雪峰、严海蓉、林春等撰文参与讨论。陈锡文先生认为，这些讨论“有助于人们在重要的历史关头进行具有全局性和历史感的冷静思考，这显然相当重要”[③]。这两期专题的十多篇文章分别体现了上述第二、三、四种观点。林春教授对“小农经济派”和“阶级分析派”做了进一步的归类，她指出了这两派之间的大同小异：“质疑自由市场派和主流政策派，正是小农经济派和阶级分析派的共同立场。两者都反对土地私有化和大资本下乡，都拒绝农业资本主义转型的美国道路，也都强调粮食安全和主权，保护农民和农村。可以说，这场讨论基本上是统一战线中的内部分歧。”④

小农经济能否继续作为谋生方式

在传统农业发达的区域里，人多地少是其共同特征。小农经济作为此区域人群的主要生计方式延续了数千年。经济学家对小农经济的机制也做了许多探讨。

诺贝尔经济学奖得主威廉·阿瑟·刘易斯（William Arthur Lewis）1954 年在其成名作《劳动力无限供给条件下的经济增长》中提出，封闭而低效的传统农业部门拥有大量的隐性失业，只要提供维持最低生活水平的工资，就有无限的劳动力供给。⑤在刘易斯看来，传统农业是非理性的，农业从业者也是非理性的，这些隐性失业者应该从农村解放出来供给到城市当中去。我国改革开放以来流行的“农村剩余劳动力”概念显然脱胎于此。

与刘易斯同年（1979 年）获得诺贝尔经济学奖的西奥多·W. 舒尔茨（Theodore W. Schultz）在 1964 年出版的《改造传统农业》一书中驳斥刘易斯关于传统农业生产要素配置效率低下、经济行为缺乏理性以及传统农业中有一部分人的边际生产率是零等观点。他认为，传统农业作为一种特殊类型的经济均衡状态，其传统生产要素的供给和需求也处于长期均衡的状态。他以实证研究证明，传统农业使现有的生产要素配置达到了最优化，农业劳动力的减少必然使农业产量下降，不存在零值的农业劳动，不存在剩余的农业劳动力。“贫穷状况并不是要素配置有什么明显的低效率而造成的”，这就是他所谓的“贫穷而有效率”[⑥]。

俄国（苏联）经济学家亚历山大·恰亚诺夫（Alexander Chayanov）1925年在《农民经济组织》中抛开了古典经济学的“经济人”假设，强调家庭的农业劳动不同于资本主义的经济逻辑：小农在农业生产过程中，即便不产生利润，也要进行生产，其最重要的目的是养家糊口。“农民农场中的经济活动对象与劳动量主要地不是由农场主的资本拥有量决定的，而是由家庭规模和家庭消费需求的满足与劳动的艰辛程度之间达到的均衡水平决定的。”[⑦]因此，不能用资本主义的经济逻辑来评价农业家庭经济。小农经济受以生存为导向的逻辑驱动，是一种广义的理性，它既是一种生产方式，同时也是一种谋生方式。

舒尔茨论述传统农业中生产要素的均衡配置及其效率，突显了小农的理性品格。恰亚诺夫揭示的是一种并非奉行效率至上原则的生存理性。这种情况存在吗？黄宗智先生在《华北的小农经济与社会变迁》一书中给予了肯定的回答，这就是20世纪30年代华北中农、贫农家庭农场的“内卷化”（involution），即在劳动力边际回报已经降到极低乃至趋零的情况下仍在投入劳力。单位耕作面积劳动力投入过剩的情况说明，小农看重的并非止于产出的效率，还有生计的延续。黄宗智先生在《长江三角洲小农家庭与乡村发展》一书中则以“过密化”（“过密型增长”“过密型商品化”）概念揭示了类似情况。这样的小农经济当然属于“劳动密集型”。黄宗智先生在《中国的隐性农业革命》一书中，发现了20世纪80年代以来中国小农农场实现从种植粮食的小农生产转变为“资本和劳动双密集”型的畜禽养殖和/或蔬果种植（尤其是拱棚蔬菜）的小农经营，即以资本密集投入带来的边际效益递增的产出弥补了劳动力密集投入带来的边际效益递减的内卷化，由此实现中国农业的“去过密化”，实现农户收入的持续增长和乡村发展。黄宗智先生称之为“没有无产化的资本化”[8]。其实，任何资本密集型的农业在一定程度上也是技术密集型的农业，中国传统农业因为资本、技术等新的生产要素的投入而得以“去过密化”。这一情形的发生，类似于舒尔茨所谓的传统农业改造。

然而，在今天的中国农村，小农经济却无法作为一种谋生方式而存在。就农业领域而言，市场化竞争逼迫农业经营者想尽一切办法扩大耕作规模以及提高亩产量，高投入的资本密集型和技术密集型的现代农业出现了。规模化、资本—技术密集型农业给经营者带来丰厚的利润，同时也抬高了诸如化肥、农药、机械设备等农业生产资料以及劳动力、土地租金等的市场价格。因此，现代农业不仅大大抬高了进入农业领域的门槛，把小农拦在门外，更加关键的是，即使小农只是想维持现状也变得不可能，因为在生产资料价格被现代农业抬高之后，小农的生存空间越来越狭小了，只好选择家庭主要劳动力外出打工、辅助劳动力在家务农的生计策略。这也是所谓的“半工半耕”的逻辑。[9]显然，市场化下的现代农业对小农构成了市场排斥。

其实，即使是黄宗智先生论及的劳动密集型和资本密集型的、并非大规模的家庭农场，其对一般欠缺资本和生产经验的小农的市场排斥也是明显的。我们在广东省珠海市斗门区白蕉镇调查时发现，鲈鱼养殖已经成为全镇的支柱产业，也成为过半农户家庭收入的主要来源，但依然有差不多一半的农户需要靠外出打工维持生计。我们进一步了解这些打工家庭的情况，它们在开始时也是从事家庭鲈鱼养殖的，也是可以以此养家的。但随着市场竞争的加剧，养殖户为了追求水面单位面积的鲈鱼产量，不断地大量投放鱼苗，水面单位面积鲈鱼的密度越来越高，鱼塘里需要投入越来越多的饲料，需要安装越来越多的增氧设备。即便如此，鱼塘发生鲈鱼瘟疫的情况还是有增无减，养殖户不得不越来越多地往鱼塘投入鲈鱼消炎药。这样的鲈鱼养殖方式抬高了养殖户对水面单位面积的资本投入，当地鲈鱼养殖户介绍，每亩水面大概需要投入 30 万元，不少人靠借贷筹集生产资金。更重要的是高投入增加了生产风险（如鲈鱼瘟疫）和市场风险（如鲈鱼市场价下跌），稍有不慎，就可能血本无归。家底薄、养殖经验欠缺的农户在竞争中首先败下阵来，不得不告别鲈鱼养殖业，加入外出打工的行列。

由上可见，今天的外出打工者中，有一部分人并非所谓的“农村剩余劳动力”，准确地说，这些人并非像剩余劳动力那样溢出农业与农村，而是以农业竞争失败者的身份被挤出农业与农村。

截至2014年，全国乡村就业人员37 943万人，其中从事第一产业人员22 790万人，第一产业人员所占比重约为60%。[10]尽管打工收入已经成为中国农户收入的主要来源，但由于中国乡村就业人口庞大，仍然还有多达六成的就业者在与土地打交道。这些人究竟以何种方式留在乡村从事第一产业？除了上述“半工半耕”逻辑下还在从事农业的家庭辅助劳动力，还有部分通过流转亲戚邻里土地而全职投身农业的新“中农”[11]，此外还有被农业“龙头企业”整合进“公司＋农户”模式里的相当部分的农村全劳力。据称，2004—2013年，农业龙头企业数量从不到5万家增加到12万家以上，年均增长10.63%，带动了全国40%的农户。到2013年年底，龙头企业辐射带动的种植业生产基地面积约占全国农作物播种面积的60%。[12]如果这个统计数字确切的话，按目前全国农户222 236 712户（截至2006年）计，那么，龙头企业带动了近9 000万户农户，这说明“公司＋农户”模式的农业生产已经占据了全国农业生产的半壁江山。

黄宗智先生认为，依靠家庭劳动力而非雇工的具有强韧竞争力的小家庭农场占到近97%，也就是说今天在中国的农业从业者中，只有约3%的农业从业者是属于公司雇用的农业工人，约97%事实上还是以家庭为单位从事农业生产。[13]为什么龙头企业不愿意直接雇用农业工人，而是采取“公司+农户”的形式，把农业生产的单位落实到家庭呢？首先，公司通过农户化解农业风险；其次，雇用一个劳动工人，公司需要付出非常高的监督成本，毕竟农业生产与工厂流水线上标准化的工业品生产是不一样的。采用这样的方式，可以保证商业资本（公司）降低生产风险，而在农业产前、产后环节提供种子、化肥、农药销售，产品包装、销售的垄断性“服务”，就可以获取相当高的利润。

在“公司+农户”的农业生产模式中，龙头企业借助农户自我组织、自我管理的劳动以及对农业风险的承担，获得高于雇工经营的资本主义规模生产的利润；并且通过对众多农户在农业产前、产后环节的控制，获得额外的源自交易中占垄断优势的收益。因此，黄宗智先生认为，“资本下乡”在今天主要还是“公司+农户”的模式，而非雇工经营的规模化生产。[14]

有鉴于农业龙头企业主要通过为其旗下的农户提供产前、产后环节服务获取利润，黄宗智先生只是将农业龙头企业视为商业资本。[15]但事实上，现在的农业龙头企业已经不是简单的商业资本了，它已经介入农业的生产端，其变化趋向就是公司生产基地化，即原来的龙头企业是把农业生产分解到农户，让农户在自家的土地上耕作，今天的部分龙头企业则是通过土地流转承包一大块生产基地，然后再分包给农户。也就是说，原来沉淀在农户土地中的地租收益也不可能为农户独自获得了。

小农经济之所以在中国流行数千年，养活了一代又一代的中华儿女，其重要原因是历代皇权皆警觉于农业的资本化发展，因此在制度设计上尽可能扩大自耕农的数量。自耕农自主地掌控农业生产产前、产后的所有环节，每一个环节可能产生的利润悉归农户。而在当前的“公司＋农户”模式下，公司通过“纵向一体化”的经营布局，沿产业链占据前向与后向各个环节的利润，挤压小农的生存空间。原来靠家庭农业获得收入来源的小农，在农业龙头企业“纵向一体化”的格局中，越来越无法从农业生产中获取更多的利润。这一情形完整地体现了“代工厂”的逻辑：“公司＋农户”模式中的农户，从原先可尽情在产前、产中、产后这一漫长的农业产业链上挥洒劳动，被压缩到只能在产中发挥作用，即在土地上（这块土地甚至可能是从龙头企业租来的土地）耕作，农户犹如在“代工厂”流水线上工作的打工者，可以形象地被称为“打农”。他们在农业一连串的生产环节中只承担其中的一个环节的工作，前面环节与后面环节的利润全部被公司拿走，因此，今天的小农根本无法养活家庭。

在严海蓉和陈义媛看来，今天中国农业的发展存在自下而上和自上而下两种资本化的动力，中国的农业资本化既有自上而下的驱动力又有自下而上的驱动力，中国农业政策自农村改革初期即有“去小农化”的倾向。[16]借用此种说法，上述分析中集劳动密集型、资本密集型、技术密集型于一身的家庭农场对贫困小农的市场排斥，属于自下而上的资本化动力；而在国家政策扶持下发展迅速的农业龙头企业将农业“代工厂化”，则显然属于自上而下的资本化动力。在此两股农业资本化动力的夹击之下，弱势的农户难免积贫。

小农经济寄望于以农业谋生，但是农业却无法成为主要的家庭收入来源。今天中国农村绝大多数家庭的家庭策略和生计模式已经从“农业＋副业”的方式发展到“非农业＋农业”的方式，非农就业已经成为家庭主要的收入来源，农业成了一种辅助性的收入来源。农户收入来源构成的变化自然带动农业从业者构成的变化，今天的农业从业者大部分是村里的老弱病残等辅助劳动力。农村家庭中“非农业＋农业”的生计模式的流行，已经表明了数千年来小农经济作为生计模式的解体。

今天中国的小农，要么在农村“打农”，大部分劳动剩余价值被龙头企业占取；要么由于缺乏资本被挤出农村，主要劳动力到城里打工，辅助劳动力留守自家一亩三分地。小农的这种处境，使得他们难以通过农业发家致富。这也是小农往往意味着贫困的原因。

小农与贫困人群的交集

随着国家扶贫标准的调整以及扶贫工作的推进，中国贫困人口的数量处于动态变化之中。2011 年 11 月 19 日，中央扶贫开发工作会议宣布将农民人均年纯收入 2 300 元作为新的国家扶贫标准，这个标准比 2009 年 1 196 元的标准提高了 92%，全国贫困人口的数量因此也从 2010 年的2 688 万人扩大到 2011 年年底的 1.28 亿人，占当时农村户籍人口比例约为 13.4%。根据国家统计局 2015 年 2 月 26 日发布的数据，2014 年中国农村贫困人口已经降至 7 017 万人。2011 年 12 月 6 日，国务院新闻办举行《中国农村扶贫开发纲要（2011—2020 年）》新闻发布会，公布了 14 个集中连片特困地区名单，国家将六盘山区、秦巴山区、武陵山区、乌蒙山区、滇桂黔石漠化区、滇西边境山区、大兴安岭南麓山区、燕山—太行山区、吕梁山区、大别山区、罗霄山区等区域的连片特困地区和已明确实施特殊政策的西藏、四省藏区、新疆南疆三地州，作为扶贫攻坚主战场。应该说，7 017 万贫困人口，大多数生活在这 14 个连片特困地区。

我国贫困人群的家庭状况及收入状况究竟如何？

尽管目前还没有针对连片特困地区住户基本情况的权威统计数据，但我们还是可以从其他统计资料上获得部分相关信息。《中国农村统计年鉴 2013》中有关“西部大开发 12 省（区、市）农村住户基本情况”显示，截至 2012 年，调查户常住人口 4.2 人/户，劳动力人口 2.9 人/户，劳动力负担人口 1.5 人/劳动力。[17]考虑到 14 个连片特困地区主要分布在西部大开发 12 省（区、市），该数据大概接近连片特困地区住户的家庭人口状况。

以户均劳动力 3 人计，假定其中一人能够外出打工，并以其每月工资纯收入 800 元算，每年工资纯收入 9 600 元，除以户均人口 4.2 人，即使这个家庭没有任何其他收入来源，其人均年收入也基本达到国务院扶贫办 2011 年确定的农民人均年纯收入 2 300 元的国家扶贫标准。也就是说，在家庭的三个劳动力中，只要有一人外出打工，基本就可以让全家脱贫。而目前仍然属于贫困户的家庭，大概是无人外出打工的。

人们不禁会问，为什么他们不外出打工？这样的提问，其实是不够了解深度贫困人群的生存处境。我们在粤北石漠化地区做扶贫调查时也曾经向当地贫民问过这个问题，他们说，出去打工，起码得带上路费和半个月的生活费、工厂押金等，少说也得 1 000 元吧，可是好多家庭拿不出这笔活钱。另外一种情形也令人印象至深，那就是贫困家庭大多缺乏整劳力，家庭劳动力中往往有人或体弱、或身残、或智障。这些因素都约束他们只能选择在自家有限的农地上做传统的耕作。

《中国第二次全国农业普查资料综合提要》显示，越是贫困地区的农户，越是依赖农业收入，同时也越是远离农业技术措施的利用。这也支持了上述贫困户选择在自家有限的农地上做传统耕作的推论。

截至2006年，农村中从事纯农业的农户占全部农户的比重，省定贫困村为85.25%，省以下定贫困村为82.12%，而非贫困村为73.24%。也就是说，越贫困的地区，从事纯农业的农户比重越高。省定贫困村（最为贫困的村）中从事纯农业的农户比重比非贫困村高出约12个百分点，差别比较明显（见表1-1）。

表1-1　各乡村类型的纯农户比重　（单位：%）

乡村类型	纯农户比重
贫困村	84.18
省定贫困村	85.25
省以下定贫困村	82.12
非贫困村	73.24

从农户收入来源来看，以经营性收入（主要是农业收入）为主的农户占全部农户的比重，省定贫困村为74.83%，省以下定贫困村为69.40%，非贫困村为63.64%。而在经营性收入当中，非贫困村中从事非农经营的农户比重为16.39%，远高于省定贫困村5.91%和省以下定贫困村8.16%的比重（见表1-2）。这说明越贫困的地区，越多的农户依赖农业经营

收入。[18]

表 1-2　各乡村类型的农户收入来源情况　　（单位：%）

乡村类型	以经营性收入为主的农户所占比重	农业经营所占比重	非农业经营所占比重
贫困村	72.98	93.36	6.64
省定贫困村	74.83	94.09	5.91
省以下定贫困村	69.40	91.84	8.16
非贫困村	63.64	83.61	16.39

从农业技术措施在全国不同类型乡村的农业生产经营户中的应用情况看，非贫困村在机耕面积比重、机电灌溉面积比重、机播机收面积比重方面皆明显高于贫困村（见表 1-3）。贫困村传统农业的特征更为明显。

表 1-3　全国按乡村类型分的农业生产经营户农业技术措施应用情况　　（单位：%）

分组		占耕地面积比重				占播种面积比重	
		机耕面积比重	机电灌溉面积比重	喷灌面积比重	滴灌渗灌面积比重	机播面积比重	机收面积比重
合计		58.58	26.67	1.75	0.79	30.85	23.32
按地势分	平原	85.10	46.52	2.87	1.19	49.84	35.77
	丘陵	46.09	13.75	1.15	0.61	16.43	15.95
	山区	19.88	2.54	0.23	0.12	8.31	5.36

续表

分组		占耕地面积比重				占播种面积比重	
		机耕面积比重	机电灌溉面积比重	喷灌面积比重	滴灌渗灌面积比重	机播面积比重	机收面积比重
按乡村类型分	非贫困村	62.48	30.50	1.94	0.91	32.05	25.13
	贫困村	44.19	12.63	1.08	0.28	25.87	15.82
	省定贫困村	46.58	12.99	1.11	0.27	28.58	16.86
	省以下定贫困村	38.57	11.78	0.99	0.29	19.69	13.45

由上可见，贫困人群因为受各种因素的约束而选择传统农业，贫困人群与小农存在相当程度的交集。而在诸多结构性、制度性因素的作用下，传统小农经济再也难以作为中国农民的谋生方式，它至多只能饱贫民之腹，而无法在农产品的市场化竞争中胜出，成为增加贫困户家庭收入的来源。

作为扶贫手段的普惠小农政策

在已有的话语体系中，贫困往往被归结为个人原因所致，如懒惰、不精明、无自信、没文化、缺技术、抓不住机会、寻不到致富门道等，因此，扶贫村里最常见的标语口号是“扶贫先扶志”“治贫先治愚”，将致贫的责任算到贫民自身的头上。应该说，贫困与贫民个人的素质、技能一定是相关的，但在全球化无坚不摧、市场化无处不在的今天，仅仅从个人能力的角度看待贫困现象，显然缺乏政治经济学的视野。如上文所论，小农经济的失败是受到资本密集型、技术密集型的规模化的现代农业市场排斥的结果，这种强大的结构性力量完全不是小农或者贫民个人能够抗衡的。因此，贫困并不能简单归结为个人原因。个人或家庭在今天的贫困，其实是结构性的贫困，造成贫困的原因在于个人之外的更为宏观的结构性力量与制度性因素，其中并没有足够的余地供个人发挥其主观能动性。

或许是有鉴于此，国家终于在推动全国性扶贫政策 25 年之后的 2011 年提出“集中连片特困地区”概念，认识到时至今日光靠输血式扶贫、光靠对贫民的技能培训已经难以对脱贫奏效，认识到一般的地区经济增长无法有效带动或者惠及这些地区内的贫民。因此，需要向集中连片特困地区提供大规模的生产性及生活性的公共产品供给。

面对复杂的贫困问题，国家提出了“精准扶贫”战略。但在今天推进精准扶贫，其实难度非常大。首先需要认定贫困户，而贫困户的认定工作由于标准不一并具有弹性，基层干部可操作的空间较大，在公布贫困户名单后往往会引起一些村民不满，认为有些非贫困户名列其中，而真正的贫困户却落选了。无论如何，甄别贫困户的工作不仅成本代价不菲，而且容易引发基层干群矛盾。另外，精准扶贫要求为每一个贫困户量身定制脱贫计划，这不仅带来较高的成本，而且往往在进村扶贫干部撤走后，其独特的脱贫计划不可持续，效果不甚理想。

因此，考虑到小农与贫困户之间存在着相当程度的交集，从提高惠及贫困户的精准度以及降低扶贫过程行政成本的角度看，如果国家在实施精准扶贫战略的同时，针对集中连片特困地区，制定出一些普惠小农的农业政策，则完全可以成为有效扶贫、有效脱贫的公共政策之一。

在长期以来被严重污名化的情况下，小农常常是被遗忘、被排挤的对象，农业领域的公共政策往往体现出“去小农化”的倾向。从我国近十年来的中央一号文件看，文件精神大多倾向于扶强不扶弱、扶大不扶小，公共资源向现代农业、规模农业以及农业产业化、农业龙头企业倾斜，较少考虑以家庭为生产单位的农业应该如何巩固、发展。直至 2014 年，中央一号文件开始提出一个新的概念，叫作“新型农业经营主体”，这个“新型农业经营主体”不是指农业龙头企业，而是指农民的专业合作和股份合作组织。2015 年的中央一号文件明确了“鼓励发展规模适度的农户家庭农场”的方向。2016 年的中央一号文件提出“支持新型农业经营主体和新型农业服务主体成为建设现代农业的骨干力量”。总之，这几年中央一号文件最值得注意的变化是“农业龙头企业”再也没有了此前的显赫位置。中央一号文件转而关注家庭农场、适度规模经营、坚持家庭经营基础性地位，注意到必须把握好土地流转、集中、规模经营的度。这也许意味着小农这种以家庭为生产单位的农业活动的重要性已开始被纳入国家农业政策考虑的视野。

2015年的中央一号文件特别提到“提高农业补贴政策效能”，具体指“逐步扩大‘绿箱’支持政策实施规模和范围，调整改进‘黄箱’支持政策，充分发挥政策惠农增收效应”。“绿箱”政策与“黄箱”政策是WTO成员有关农业支持与保护措施的术语，简要地说，前者是指提供有利农业生产的外部条件，后者是指直接补贴农业生产环节及生产者。上述中央一号文件中扩大“绿箱”政策与调整“黄箱”政策的意思，可以理解为我们的惠农政策是存在问题的，也是需要改进的，即应该更多地将惠农资金投至可以普惠农民的农业生产所需的公共产品（如交通、水利、农业技术推广、病虫害防控等）的供给上，而调整（或者减少）对农业生产者的种植面积、种子、化肥、贷款补贴以及农产品价格支持等。不过，人们不禁要问，“黄箱”支持政策本来是最直接补贴给农业生产者的，为什么反而没有产生政策惠农的增收效应？可以推测的原因也许是：撒胡椒面，效果不明显；雁过拔毛，直补资金被地方或者基层政府有关部门截流；还有就是移花接木，直补资金被农业龙头企业或者假冒的专业合作社套取而与广大小农户无缘。

我们认为，随着精准扶贫战略推进中对资金使用监管力度的加强，在集中连片特困地区，可以将国家下拨该地区的惠农资金与部分扶贫资金结合起来使用。从扶贫的角度说，“黄箱”政策下的惠农资金应该更加集中地向该地区的小农——贫困户

（而非龙头企业、生产大户）的直接生产环节倾斜；而扶贫资金也应该部分地直接补助到小农户的农业生产之中，而非只是扶持外部引进的扶贫项目。此一主张的提出不仅因为普惠小农其实就是最为低成本的精准扶贫办法之一，还因为小农的传统农业如果得到外部资金的扶持，其实是可以有效率地配置资源的，尽管其增收的效益可能不特别突出，但起码可以保证这不会是一个失败的扶持项目。再者，在小农经济面临的结构化困境下，我们应该通过扶贫政策理直气壮地扶弱不扶强、扶小不扶大，阻断或者防范那些强大的农业龙头企业打着扶贫的旗号进入连片特困地区，从而恶化该区域内小农经济的市场环境、压缩小农经济的生存空间。时至今日，我们应该更为清醒地认识到连片特困地区不仅自然生态脆弱，同时也是市场生态脆弱的“双脆弱”区域。要让小农经济慢慢恢复成为区内贫民可以谋生的方式，就必须给它提供一种受到保护的适合其生存与延续的市场生态，如建立面向区内小农的公益性农贸市场、信息平台、合作组织等，给小农提供产前、产后的上下游服务，通过合作组织实现产供销纵向一体化，让农业链条诸多环节上产生的利润重新归于小农，使小农经济重新成为可以谋生的一种经济活动。

在扶贫问题上，尤其是在扶贫攻坚阶段面对集中连片特困地区的深度贫困人群时，我们是到了应该抛弃某些流行的市场化思路的时候了。

注释

①马克思．路易·波拿巴的雾月十八日//马克思，恩格斯．马克思恩格斯全集：第8卷．北京：人民出版社，1961：217.

②马克思．资本论：第3卷//马克思，恩格斯．马克思恩格斯全集：第25卷．北京：人民出版社，1974：897.

③陈锡文．把握农村经济结构、农业经营形式和农村社会形态变迁的脉搏．开放时代，2012（3）.

④林春．小农经济派与阶级分析派的分歧及共识．开放时代，2015（5）.

⑤刘易斯．二元经济论．施炜，谢兵，苏玉宏，译．北京：北京经济学院出版社，1989：3.

⑥舒尔茨．改造传统农业．梁小民，译．北京：商务印书馆，2010：43.

⑦恰亚诺夫．农民经济组织．萧正洪，译．北京：中央编译出版社，1996：187.

⑧黄宗智，高原，彭玉生．没有无产化的资本化：中国的农业发展．开放时代，2012（3）.

⑨黄宗智．制度化了的“半工半耕”过密型农业（上）．读书，2006（2）；黄宗智．制度化了的“半工半耕”过密型农业（下）．读书，2006（3）.

⑩中华人民共和国国家统计局．中国统计年鉴2015．北京：中国统计出版社，2015.

⑪杨华．“中农”阶层：当前农村社会的中间阶层．开放时代，

2012（3）.

⑫魏后凯，杜志雄，黄秉信．农村绿皮书：中国农村经济形势分析与预测（2015—2016）. 北京：社会科学文献出版社，2016.

⑬同⑧.

⑭黄宗智．小农户与大商业资本的不平等交易：中国现代农业的特色．开放时代，2012（3）.

⑮同⑭.

⑯严海蓉，陈义媛．中国农业资本化的特征和方向：自下而上和自上而下的资本化动力．开放时代，2015（5）.

⑰国家统计局农村社会经济调查司．中国农村统计年鉴 2013. 北京：中国统计出版社，2013.

⑱国务院第二次全国农业普查领导小组办公室，中华人民共和国国家统计局．中国第二次全国农业普查资料综合提要．北京：中国统计出版社，2008.

（原刊《天府新论》2016 年第 4 期）

第二章　内发型发展与开发扶贫

自1986年我国在各级政府中设立专门的扶贫机构以来，便确定了开发扶贫的工作方针。开发扶贫与此前救济式扶贫的差异，主要表现为由政府主导的扶贫工作从按贫困人口平均分配资金向按项目效益分配资金，从单纯依靠行政系统向主要依靠经济组织（或称“市场主体”），从资金单向输入向资金、技术、物资、培训相结合输入和配套服务转变。在20世纪80年代推进市场化改革的特殊氛围下，开发扶贫被形容为“造血”，救济扶贫被认定为“输血”，二者高下立见。从20世纪80年代至今，我国的扶贫政策经历了不同阶段，但开发扶贫作为扶贫的主流模式不变，只不过开发扶贫的工作力度变得更大（扶贫攻坚）、脱贫计划变得更细致（精准扶贫）而已。

开发扶贫本来是指在国家支持下，利用贫困地区的自然资源进行开发性生产，逐步形成贫困地区和贫困人群的自我积累和发展能力。此即所谓“造血”。其实，不管是“输血”还是“造血”，都是外部资源植入贫困地区和贫困人群的过程。“输血”和“造血”的真正区别在于外部资源植入时能否提升贫困人群的自我发展能力。如果我们不是简单地将贫困定义为物质匮乏和收入低下，那么时至今日，我们也许需要反思开发扶贫模式。[①]

作为反思视角的内发型发展

相对于欧美发达国家的现代化发展模式，内发型发展致力于探寻欠发达地区的发展模式。内发型发展这一概念是由日本上智大学的鹤见和子教授于 20 世纪 70 年代末在反思西方现代性时提出的。鹤见和子认为，发展并非限于提高物质生活的方面，而是通过包括精神的觉醒和智慧的创造性，使人们成为社会变革的主体。她认同如下四种发展要素：粮食、健康、居住、教育等生活基本需求；地区的发展由当地共同体的人们共同劳动来实现，即“自助”；地区的发展保持与自然环境的协调；各地区分别为其社会内部的结构变化而采取行动。她强调内发型发展必须以“地区”为单位，这个“地区”的规模不能太大，“‘规模小’之所以重要，是因为只有在这种条件下，居民本身才有可能对生活与发展决定采取什么样的方式”。她重视传统在内发型发展过程中的重要作用。“所谓传统，是指在某一地区或集团内，代代相传而继承下来的‘型’（结构）。在传统中有种种不同的侧面。第一是意识结构的型，它被认为是由世代相传继承下来的，包括信仰、价值观的型。第二是由世代相传继承下来的社会关系的型，如家族、村落、城市、村镇等关系的结构。第三是制造衣食住方面一切物品有关技术的型。”“在地区的小传统中，发现如何解决人类目前面临的各种困难问题的关键，并使旧的东西在新的环境中得到适应和改造，通过这些做法，开拓出多样化的发展途径，只能是该地区的小民。从这个意义上说，对内发型发展的研究，实际上是对小民的创造性的探究。”鹤见和子并非民粹主义者，她清醒认识到，“不把整体社会当作内发型发展的单位，而是通过对地区的限定，可以明确它和现代化模型的并肩竞赛以及相辅相成的关系”，她还看到作为政策一环的内发型发展，希望“特定地区的居民，在该地区自然生态系和文化传统的基础上创造出来的地区发展方法，由政府或地方自治体作为政策加以采纳”②。她将内发型发展表述为“适应于不同地域的生态体系，根植于文化遗产，按照历史的条件，参照外来的知识、技术、制度等，进行自律性的创造”③。

内发型发展的要点可归结如下：小地区范围、当地人群的主体性、当地人群基于传统开拓出发展的途径、发展与自然环境的协调、必要的外部资源以及政策支持。内发型发展在此主要强调发展过程中的自主性、协调性以及可持续性。这是因为，在欠发达的贫困地区，其自然生态与社会生态往往呈现双重脆弱的情况。在发展的议题上，如何组合生产要素、生产什么、为何生产、为谁生产等问题，可能只有当地人群最为了解。在外部资源植入此区域之时，其发展进路的选择尤其重要。

自然生态和社会生态双重脆弱下的开发扶贫

目前我国各级政府集中力量攻坚克难的开发扶贫区域主要集中在 14 个连片特困地区，根据《中国农村扶贫开发纲要（2011—2020 年）》精神，按照“集中连片、突出重点、全国统筹、区划完整”的原则，2014 年在全国共划分了 11 个集中连片特困山区，加上已明确实施特殊扶持政策的西藏、四省藏区、新疆南疆三地州，共 14 个片区，680 个县。这些区域的共同特点大体是自然生态脆弱与社会生态脆弱。

自然生态脆弱在此是指缺水、人均可耕地不足、植被稀少，生态承载力有限。当地居民世代生活于此，已经累积传承了一系列可持续发展的地方性知识（包括对自然的禁忌），对生计模式也自有一套独特的安排。

在 11 个连片特困山区之一的乌蒙山区，我们深入凉山彝族聚居的核心区域之一昭觉县，发现地方政府及社会组织都曾经把种植辣椒作为开发扶贫的途径之一在当地推广过。当时辣椒价格高，的确一时提高了农民收入，不过当地农民今天又重新种回土豆和玉米了。凉山彝族的生活生产区域以高山峡谷坡地居多，无农业水利设施可言，耐旱兼高产的土豆和玉米自然成为主食首选。在人的口粮问题解决之后，还需要养牛养羊养猪养鸡，一方面解决饮食中的肉类摄入问题，一方面婚丧嫁娶人情往来需要宰杀牺牲，同时通过贩卖牲畜解决家庭日常生活中的现金开支。但牲畜数量可以养到多大的规模，除了取决于家庭劳动力，还取决于在满足人的口粮需要之外还有多少剩余的玉米可供喂养。在耕地极其有限的情况下，种植辣椒必然挤占种植土豆和玉米的面积，导致余粮不足，难以继续饲养牲畜。这样，即便种植辣椒可以带来现金收入的提高，但是它也导致现金支出的增加，如购买肉类以及人情往来的开支。算下来，不仅没有增加收入，反而带来许多麻烦，农民最终放弃了这种开发扶贫模式，而回到传统的生计模式上。农民的这种选择其实并非保守的表现，而恰恰是将人的行为置于区域内自然及社会环境之中并加以平衡的理性化的表现。这就是内发型发展强调的基于传统开拓出发展的途径以及发展与自然环境相协调。④

由于大量贫困人群的社会边缘化与无力感，贫困地区同时也是一个社会生态脆弱地区。目前由政府主导的扶贫政策下的贫困是以人均年收入为标准的，这有利于衡量扶贫工作成效。而如果从贫困者本身的角度审视贫困的话，贫困则呈现多维的面向。世界银行自 20 世纪 90 年代起推动一系列“参与性贫困评估”（participatory poverty assessment）研究，目的是从贫困者的角度来理解贫困。研究结果显示，贫困者身处的困境，不单是经济物质上的贫乏，还有心理上承受着的极大压力，在社会中没有参与、没有声音、没有发展机会。世界银行倡议以经济收入之外的社会指标，如“脆弱性”（vulnerability）和“不平等”（inequality）来量度贫困状况。一般认为贫困有四个维度：其一，物质维度，即基本生活所需，如食物、衣服、住房等；其二，心理维度，包括尊重、尊严、安全感、信心等；其三，政治维度，包括参与、公权力、个人权利等；其四，社会维度，包括教育、医疗、工作机会等。总之，贫困是一个综合的社会现象。贫困固然基本上是指缺乏满足基本生活需要的收入和资产，但与此同时，贫困亦延伸为心理上的负担、政治参与上的去权和社会资源上的排拒。⑤从“多维贫困”的角度看，贫困者的脆弱性是亟须关注的。因为贫困是多面向的，所以在扶贫工作上要有更全面的视角和策略，不能简单停留在经济上的援助、产业的开发与扶持，扶贫还应该关注贫困对象的心理及非物质方面的贫困现象。正因为贫困人群较普遍地存在心理上的负担、政治参与上的去权和社会资源上的排拒现象，所以在开发扶贫过程中非常需要培植贫困人群的主体性。如果贫困人群的主体性得不到确立，那么，在各类资源下沉时，作为外部资源的“血”也就无法直接输到贫困人群身上，就有可能出现“精英俘获”、一枝独大的局面。如果号称“造血”的外部资源注入各类“市场主体”进行“体外循环”，而不为贫困人群直接享用，甚至在某些情况下沦为“吸血”，那么这样的“造血”效果可能还不如救济扶贫的“输血”对贫困人群有帮助。

根据国务院扶贫办 2015 年 1 月公布的数据，截至当时，在实施精准扶贫过程中，全国共识别贫困村 12.8 万个、贫困人口 8 862 万人，已向贫困村派出 12.5 万个工作队，派驻干部 43 万人，基本实现了对贫困村的全覆盖。据不完全统计，2014 年 14 个连片特困地区省级实施规划累计完成投资人民币 4.75 万亿元。[⑥]可以说，国家正在沿着开发扶贫的思路，将越来越多的人力和财政资源下拨到贫困地区和贫困人口中去。但在"垒大户"的机制之下，贫困人群所在社区的贫富两极分化也可能进一步加剧，贫困人群也可能进一步被边缘化。[⑦]开发扶贫模式发展到今天，在市场化及项目制导向之下，已经被简化为产业扶贫模式，即作为所谓"市场主体"的农业龙头企业、冒牌的专业合作组织、农业生产大户承接开发扶贫项目。贫困户在此仅作为廉价的劳动力而非发展主体参与其中，贫困户其实只是在出卖劳动力而并非在提升自我的经济发展能力。陈义媛在分析"公司＋生产基地＋农户"的模式时指出，尽管龙头企业与所整合进来的代管户之间没有直接的劳动雇佣关系，然而，代管户的种植收益仅等于其所投入劳动的工资；而企业通过控制土地等重要的生产要素，从农业生产的上游和下游获取利润，这一利润的来源实际上正是代管户所生产的农业剩余。因此，企业与农户之间事实上形成了隐蔽的雇佣关系，家庭农业在这个意义上已经被改造了。[⑧]范德普勒格（Jan Douwe van der Ploeg）则更为尖锐地指出："食品帝国只不过是连接或重新连接了已有的资源。它犹如一张蜘蛛网，不断延展，将乡村的人力和各种资源纳入其中，并将已有资源组合成一种独特模式，以便于榨取其价值，等榨干以后，就收网逃走，再到另一个有'猎物'的地方去继续榨取。因此，那些农业大亨一般不进行固定投资，基础设施一般按年租用，这样就可以很容易地舍弃，也就是说，它具备了一个逃逸型产业的所有特征。"⑨

我们在作为连片特困山区的吕梁山区、大别山区、武陵山区、六盘山区调研时发现，地方扶贫办及驻村扶贫干部都在主推项目制的产业扶贫模式。为了如期完成扶贫攻坚任务，各地各级政府无不动用大量的扶贫资金。在完成了精准识别、建档立卡的工作之后，在如何把扶贫资金、项目、政策真正落实到贫困户这个环节上，或因急于求成，或因迷信能人而不信任贫困户的能力（也没有时间逐步去培养贫困户的能力）。我们在大别山区调查时，基层扶贫干部挂在嘴边的是"市场主体"，说"没有市场主体怎么搞扶贫"。在武陵山区，一位扶贫干部总结此类扶贫经验为"资金跟着穷人走，穷人跟着能人走"，即政府将原本应该用于贫困户发展生产的财政扶贫款、银行贴息贷款，以贫困户的名义领取或贷出来，再集中起来给大户或公司用于发展生产，大户与公司承诺给贫困户一定比例的分红。在此过程中，受益最大的是当地的大户或公司，真正的贫困人群反倒被边缘化，甚至出现了大户携款潜逃、银行找贫困户索要还贷的极端恶性案例。在六盘山区，三四万亩连片的

“公司＋农户”的蔬菜生产基地甚为可观，该基地作为开发扶贫项目，所有的喷灌设施由扶贫资金无偿提供。公司作为最大获益者，承诺安排当地贫困人群作为农业工人就地就业，可是在菜地里干活的却有不少来自贵州的农民，因为对公司来说，外地人远比本地人好管理。

开发扶贫工作中贫困人群的边缘化现象除了因为地方政府为了尽快出扶贫政绩而依赖公司和大户，还因为某些基层干部对广大贫困人群充满偏见。在粤北山区，一位多年从事扶贫工作的干部每每向人介绍扶贫经验时，都强调只能把钱交给有能力的人，不能把钱给贫困户，因为贫困户“一般都是些方便之后总是忘记拉裤子拉链的人”，以致贫困户没有机会也没有足够的信心申请小额贴息贷款。以上几个连片特困山区的扶贫干部一致反映，很少有贫困户单独来申请小额贴息贷款。因此，一方面是国家的扶贫力度越来越大，另一方面却是贫困人群越来越不被作为开发扶贫中的发展主体。这不仅导致开发扶贫的“造血”功能被大打折扣，还导致贫困人群无法“赋能”（empowerment），贫困地区的社会分化加剧，社会生态更加脆弱。

贫困人群是如何被“去能”的

贫困人群无法成为开发扶贫过程中的发展主体，主要是因为贫困人群存在所谓的能力问题而受到排斥。贫困人群所欠缺的能力又主要是指发展生产以及市场销售的能力。贫困人群本来都是“生于斯长于斯”的在地者，除了智障体残人士，他们作为长期与土地打交道的直接生产者，应该最为稔熟在地农产品的生产经验以及家庭日常消费之余的农产品的自主销售渠道。在此，我们应该思考的并非如何提高贫困人群发展生产以及市场销售的能力，而是贫困人群为什么丧失了这一能力。

先看看市场销售能力。在开发扶贫的过程中，规模化的市场经济的合理性被无可置疑地加以预设，农民在地的传统生产方式也相应地被视为经济发展的障碍。本来各地农民都会根据日常生活需要、传统习惯、气候条件，在有限的耕地上轮作、套种多品种、小规模的农产品，但这在开发扶贫的思路里属于没有效率的、无法给贫困人群增加收入的保守农业。经历过早年有些地方政府“逼民致富”大规模种植经济作物而最终因销售渠道不畅导致农民亏本的惨痛教训之后，今天地方政府则大力推行“公司＋农户”的开发扶贫模式。“公司＋农户”的实质是公司将农业生产的风险转嫁到农户头上，同时控制农业生产的产前、产后环节并获取利润。因为公司与农户之间存在严重不平等的利益分配关系，所以，如果市场的零售价格高于公司的收购价格，农户也会为自己的利益考虑而将部分农产品直接卖到周边市场上去。为此，公司往往选择那些适宜在当地种植但又不为当地市场接受或者不属于在地人群饮食习惯范围内的外来农产品或者中草药，这样，可以有效防范农户的自主销售。这与全球范围内大型农业企业偏好于拉大产销地之间距离的做法如出一辙。如武陵山区桑植县的开发扶贫项目是公司带动农户种植高山金钱草，该公司自己加工并设立专卖店销售；六盘山区西吉县的开发扶贫项目是公司带动农户大规模种植西芹，该公司统一收购加工为易拉罐西芹汁饮料。不管是金钱草还是西芹，都是难以进入在地的日常消费的，也是缺乏在地的市场需求的。在“公司＋农户”的扶贫开发项目中，公司越来越趋向选择大规模种植与在地市场脱节的农产品，这样，农户当然只能越来越依靠公司而毫无自主的市场渠道和销售能力。可以说，如果公司与农户之间的生产关系没有改变，那么，政府对“公司＋农户”的扶贫开发项目的进一步投入，只能进一步巩固贫困农户对公司以及资本的依附关系。

当然，也有相反的例子。云南省临沧市凤庆县是省级贫困县，也是滇红茶的核心产地，其种植大叶红茶的历史悠久。凤庆县为山区，平坦耕地匮乏，农民不得不在高达六七十度的陡坡上开发梯田，并摸索出核桃套种茶叶、核桃套种魔芋的独特种植方法。凤庆县共有 200 多万亩茶田，农户大约 10 万户，可是至今没有一个农业龙头企业可以成功进驻。农户在自家两亩左右的梯田上套种茶叶、核桃、魔芋，在每五天一市集（逢农历一、六）上行销，区域内滇红茶厂的收购价格也无大的波动，农户并不需要公司的带动。也有龙头企业想在当地发动农户种植澳大利亚金果、台湾木瓜，但无人响应加入。同样的贫困人群，为什么凤庆县的农民就可以解决市场销售的问题？关键在于种植品种多样化、传统化、小规模，农产品为在地人群日常消费所乐见，可以在地长销。我们在乌蒙山区的凉山彝族地区调查时也发现，尽管苦荞的产量及利润低，但是当地贫困人群还是坚持种植。正因为产量及利润低，又是当地的特产，所以外部的农业资本才没有兴趣前来投资生产，从而排除恶性竞争，使得苦荞在当地市场上保持相对稳定的价格，也使小农户获得相对稳定的低收入。这些都属于内发型发展强调的“小地区范围”以及传统的重要作用，也属于施坚雅（G. Willian Skinner）强调的基层市场乃是乡村社会的真正单位，在那里，基层群众可以结成社会网络，利用各种社会资源于生计。[10]

可见，一旦将农民的农业生产架空于在地的传统种植及传统饮食需求，农民就会被“去能”，既无种植经验，又不知道产品销向何方，沦为一个更加全面的贫困者。因此，“地产地销”才可以成为全球范围内底层贫民反抗农业资本入侵的一个口号。

再看看生产能力。经历过人民公社时期大兴农田水利建设、绿色革命之后，中国的农业基本上告别了靠天吃饭的时代，农业的生产能力实现了革命性的飞跃。20 世纪 80 年代初，人民公社解体，农业生产又回到了以家庭为经营单位的格局；作为政府向农业领域提供的公共产品，诸如兴修水利、品种改良、病虫害防治、因地制宜的农业机械发明等严重缺乏。

对偏僻贫困地区来说，农业生产又回到了靠天吃饭的时代。贫困人群的农业生产能力如何，这需要其在与其他农业生产主体的比较中得以表现。今天的情况是，一方面，市场化改革使得地方政府几乎放弃了对农业生产过程的公共产品供给，原来设立于公社（乡镇）服务于农业生产的“七站八所”也已经全部市场化，贫困人群只能通过市场途径寻求必要的农业生产服务，这无疑大大抬高了农业生产成本。在贫困人群缺乏现金的情况下，市场化的农业服务需求必然压缩，其农业生产能力也无法提高。另外，各级政府中的农业部门无不青睐农业龙头企业，纷纷将本来应该投入农业公共产品供给的有限资金向龙头企业倾斜，低息、贴息或者无偿向龙头企业提供专项资金，帮助其改善农业生产条件，加大科技投入，修建滴灌喷灌设施等。这样，贫困小农户的农业生产能力便完全无法与农业龙头企业相提并论。在开发扶贫政策的推动下，为了获得立竿见影的扶贫效果，专项扶贫资金越来越向允诺带动贫困户致富的农业龙头企业汇聚。

开发扶贫尤其是精准扶贫本来应该立足于提高贫困户的能力，这样才能有可持续的发展，减少返贫现象的发生。真正与农民生产息息相关的公共服务项目，特别是农业生产所依赖的农田水利、农业技术指导、农作物病虫害防治等，虽然对贫困群众而言更有直接针对性和迫切需求性，却少有扶贫干部问津。在绝大多数涉农服务部门都围着大项目转的情况下，还在从事家庭农业生产的贫困户难以享受到由政府提供的农业公共服务。基层农业、水利等涉农部门的市场化，极大地增加了贫困人群从事农业生产经营的成本，挤压了直接生产者的利润空间。在我们调研的途中，常常可见被统计为水田的耕地由于水利设施年久失修，已经无法灌溉而成为旱地。为此，开发扶贫应该将更多的资金直接投向面向广大贫困户的农业生产过程，普惠式地向他们提供家庭农业生产过程中必需的公共产品。[11]同时，不能将提高贫困户的农业生产能力视为只是扶贫工作的临时任务，而应该将其常规化、制度化；即使是扶贫工作，也不能将其视为只是外来帮扶单位的事情而与地方政府农业部门无关。从小农农业生产能力提高的角度着想，地方农业部门应该从机关化、官僚化的办公室走向农业生产一线的田间地头，将恢复“七站八所”的公益性纳入扶贫工作范围，贴近小农提供农业生产所需要的公共产品，实现真正的精准扶贫。

可见，贫困人群的能力不足问题的产生，在一定意义上其实是制度实践的产物，是被“去能”的结果。我们在开发扶贫工作中与其强调对贫困人群“赋能”，不如致力于防范对贫困人群“去能”，在扶贫资源的分配上避免“垒大户”。

贫困人群的主体性及其再组织化

贫困人群的能力取决于其主体性的发挥，但今天诸如“治贫先治愚”“扶贫先扶志”等口号，事实上是“矮化”并压抑了贫困人群的主体性。特别是开发扶贫中的数字考核机制和项目制，更是妨碍了贫困人群主体性的生成。

我们在调研中发现，基层扶贫工作人员往往忙于填写各种表格、档案，以应付上级检查，而没有办法腾出足够的时间、精力深入扶贫工作一线，到贫困户之中做思想沟通、组织动员、激励帮扶的工作。来自省、市、县的考核繁多，目标层层加码，基层工作人员加班加点应付各种数据上报、档案检查或现场抽查。一些基层干部称之为“数字扶贫”“表格扶贫”。我们在武陵山区调查时，一位镇扶贫干部表示，每个月仅是应付省、市、县的检查就达三次，再加上复查、抽查就更多，而不断调整的政策每次还需要准备新的档案资料（如无详细资料，前期工作很容易被上级否定），文案工作占去了绝大部分的工作时间。这位干部诚恳地说，如何简化扶贫考核，“让基层扶贫工作人员从电脑面前解放出来，真的很重要。我们也都是本地人，辛辛苦苦，也真的是想把工作搞好，把家乡搞好，不愿意只做了形式，却没有实效”。各地扶贫部门普遍反映贫困户较少主动申请小额贴息贷款，这起码从一个侧面反映了基层扶贫干部对贫困人群动员不足的问题。

目前开发扶贫的主角似乎是政府和龙头企业，尚有待广大贫困人群真正参与进来，让贫困户成为产业发展的主体。开发扶贫应该考虑贫困人群的参与度、参与方式和收益形式。对扶贫效果的评价，不能只看数字指标，还应将贫困户的满意度作为扶贫绩效考核的重要内容。我们在吕梁山区调研时发现，有的地方将帮助贫困户种植多少亩果树作为考核指标，在对口扶贫单位的支持下，果树种在了集体的山坡地上，但三五年后挂果收成时集体与贫困户之间的利益如何分配却无人厘定，贫困户只是作为散工加入了种植果树的劳动，获得了一些劳务现金收入，他们并不关心以后是否可以从这些果树中受益。还有一些地方政府的扶贫部门对脱贫时间表层层加码。因为考虑到脱贫的时间限制，一些基层扶贫干部直言，把贫困户组织起来，进行技术培训，提高他们的发展能力，需要做大量耐心细致的群众工作，并且必然是一个较为漫长的过程。在现有的政绩考核机制下，他们希望在有限的时间内打造出亮点，舍弃那些可以细水长流、明知有可持续发展价值但“远水解不了近渴”的扶贫措施。

鹤见和子认为，内发型发展可以和现代化模型并肩竞赛。“公司＋农户”的龙头企业代表着现代化的模型，内发型发展欲与其竞赛，单家独户的农民显然不是其对手，农民需要组织起来。这种组织可以是灵活多样、程度不一的，可以利用作为传统的在地的“价值观的型”“社会关系的型”“技术的型”开展生产及销售过程的合作。在农民不可能自发组织起来的情况下，由党和政府动员他们组织起来，走合作的道路，这才是贫困户脱贫致富的可靠出路。动员和组织群众，走群众路线，是我党的看家本领。邹谠先生认为，群众路线是“一种查清群众自己理解的利益所在的方法”。走群众路线，贫困人群的利益才能凸显并获得保障，群众路线才是扶贫的重要工作方法。这需要各级扶贫干部，特别是一线扶贫干部，从各种数据表格中解放出来，沉下去、接地气，走家入户，访贫问苦，与贫困户打成一片，一起面对和解决生产生活中遇到的各种问题，取得群众的高度信任，再通过与贫困户共同策划发展项目，引导贫困群众走向合作。以贫困户之间（而非公司与贫困户之间）生产合作的方式增强自身发展能力，驻村扶贫干部可充当贫困户农业生产合作社的首任社长，并慢慢从贫困户中培养接班人。扶贫资金应该更多地投到促进贫困户之间农业生产合作的方向上来，如给贫困户的农业生产合作社免费提供种子、化肥、农技服务、优质农产品认证服务，搭建农产品集中分拣包装的屋棚，补贴电商快递农产品的邮费等。只有广大贫困户真正动员和组织起来，成为发展的主体，贫困地区的发展才会有源源不断的内生动力。

在贫困人群被设定为欠缺发展能力，同时扶贫工作时间紧、任务重的情况下，开发扶贫项目依靠龙头企业及地方精英。在开发扶贫以项目制落地实施的过程中，以市场化机制运作，贫困人群只是一个被企业带动的客体，贫困地区的社会结构及利益格局可能进一步固化。其实，打破这个恶性循环的关键在于能否将开发扶贫的模式从公司带动的产业化扶贫扭转到组织贫困户、发动贫困户、依靠贫困户、以贫困户为发展主体上来。如前所述，今天的贫困地区属于自然生态和社会生态双脆弱地区。扶贫作为国家的重大国策，各类资源正源源不断地输入贫困地区，政府应该以手中掌握大量资源为契机，既致力于提高贫困人群的物质生活水平，又激活贫困人群的主体性，以扶贫工作作为杠杆，通过对贫困人群的发动组织，推动贫困地区的社会建设，将贫困地区社会活力的再造、贫困人群的再组织化视为政府在扶贫工作中最大宗、最重要的公共产品供给。

注释

①邱建生、方伟认为，“在目前关于精准扶贫的讨论和措施中，沿用的仍然是市场主义的思维方式，而正是这种思维方式造成了今天经济社会、城乡东西的不均衡，留下了众多发展中的隐患”。参见：邱建生，方伟．乡村主体性视角下的精准扶贫问题研究．天府新论，2016（4）．

②鹤见和子，胡天民．“内发型发展”的理论与实践．江苏社联通讯，1989（3）．

③鹤见和子．内发的发展论的展开．东京：筑摩书局，1996：9．

④类似个案研究可参阅：麻国庆．开发、国家政策与狩猎采集民社会的生态与生计：以中国东北大小兴安岭地区的鄂伦春族为例．学海，2007（1）．

⑤《2000/2001世界发展报告》编写组．2000/2001世界发展报告：与贫困作斗争．世界发展报告翻译组，译．北京：中国财政经济出版社，

2001：15－20.

⑥国务院扶贫办．减贫1 000万以上的任务超额完成．(2015－02－02). http：//www. scio. gov. cn/m/zhzc/8/4/Document/1393863/1393863. htm.

⑦朱晓阳．施惠原则、垒大户与猫鼠共识．开放时代，2004 (6)；张慧鹏．农村社区治理中底层群体的主体性：基于珠三角粤村的个案分析．天府新论，2016 (2).

⑧陈义媛．资本下乡：农业中的隐蔽雇佣关系与资本积累．开放时代，2016 (5).

⑨范德普勒格．新小农阶级：帝国和全球化时代为了自主性和可持续性的斗争．潘璐，叶敬忠，等译．北京：社会科学文献出版社，2013：中译者序．

⑩施坚雅．中国农村的市场和社会结构．史建云，徐秀丽，译．北京：中国社会科学出版社，1998：21－55.

⑪吴重庆．小农与扶贫问题．天府新论，2016 (4).

（原刊《天府新论》2016年第6期）

第三章 小农户发展：“去能”与“赋能”

问题的提出

中国的小农户农耕历史悠久。新中国在20世纪80年代初期以前曾实行农业集体化生产，之后的改革大潮一改集体化生产，小农户生产经营被重新视作一种有生命力和符合农业生产规律的模式，并恢复了其在中国农业中的主导地位。伴随市场化改革的推进，能够自由流动就业的乡村青壮年劳动力不断外流到城镇，原来作为小农户主业的农业变成了副业，乡村空心化现象显现并不断加剧，这在一定程度上引发了人们对于农业生产后继无人的焦虑。对于这一局面，不同学科领域的文献从不同的视角和进路展开了研究，但总体上，乡村人、财、物外流，原来作为独立生产经营单位的小农户本身已没有多少发展希望，农业实行规模化经营是大势所趋已成为多数文献的默认共识。笔者不打算（也没有能力）分析并确定中国小农户是否会最终消失。这里想探究的是，这一切是如何发生的？自秦汉以来的两千多年，广大小农户一直在乡村生产生活，是中国社会的中坚主体。新中国接近 30 年的集体化生产实践最终也没有改变这一事实，小农户仍然被视作更有能力完成农业生产的单位。但为何 40 多年来的市场化改革历程可以迅速大幅度地扭转长久以来人们对于小农户生产经营的看法，使得小农户生产经营方式看起来日渐变得没有希望？小农户家中的青壮年成员也的确在“用脚投票”，不断退出家庭农业并涌向城镇寻求就业。

从常识的角度看，广大小农户家中的青壮年劳动力涌入城镇当然是因为在要素集聚的城镇就业的收益率高于乡村。但这也只是表层原因，因为从长时段看，数千年来中国乡村的青壮年劳动力并没有如此声势浩大地集中到城镇，相反，在乡村从事多种类型的生产一直是其最稳固的安身立命方式。现阶段乡村青壮年劳动力大量外流，深层原因在于进城就业已被作为最主要甚至唯一的生计出路。在现代化和市场化环境下，小农户失去了乡村在地发展的自主性，无法再依靠乡村的资源取得能够体面立足于社会的平均收入。这里将此称为小农户的“去能”，并试图探讨以下问题：小农户是如何被“去能”并丧失在乡村发展的自主性的？什么因素导致小农户被“去能”，其机制为何？针对施加在小农户身上的“去能”机制，审慎合理的公共政策应该如何为小农户“赋能”，增强其在乡村自主发展的能力？

下文首先梳理已有代表性经济学说之于小农户前途的意涵并提出“去能”这一有别于以往文献的研究视角，继而分析中国小农户被“去能”的过程，思考如何为小农户赋能。

有关经济学说回顾和“去能—赋能”研究视角的提出

在马克思主义经济学的经典思路中，以小农户生产为代表，农牧结合或农副结合的“自然经济”在资本主义商品经济的主动竞争面前失败并瓦解是必然要出现的结果。[①]马克思本人基于对西欧各国历史经验的思考，深刻体恤农民在“羊吃人”“圈地运动”等野蛮资本剥夺下的悲惨境遇[②]，但更深刻地认识到小农户生产方式相对于资本主义生产方式的落后性，对小农户生产方式进行了批判。他将法国众多耕作小地块的小农户比喻成一个袋子中高度同质性的互不搭理的“马铃薯”[③]，提出随着农艺学的发展，法国小农户的生产方式已经“老朽”过时了[④]。承接马克思这一基于西欧先发工业国历史经验总结的思路，后发工业化并将马克思主义理论作为发展指导的“东方”国度的理论主流也一度坚持认为小农户必将消亡。列宁强调 19 世纪俄国的小农户生产经营已经被卷入资本主义商品经济和生产分工中，从属于资本的利润追求，其自身的独立性实质上已经丧失，仅存外在形式。[⑤]与马克思和列宁的深刻判断相承，新中国前 30 年的经济理论也将小农户生产经营视为落后的、在“两个世界”的大斗争格局中完全无法实现自立的模式。新中国前 30 年也致力于对小农户生产方式进行彻底改造，代之以集体化生产方式。与主张取消小农户的主流声音不同，俄国（苏联）的农政学者恰亚诺夫提出，小农户有明显区别于资本主义企业运作方式的生存逻辑，他们根据家庭的人口状况配置劳动和其他生产资源，从而实现周而复始的运转，认为政策应该以小农户为基础，逐步走产销各环节“纵向一体化”的组织分工道路，而不是急于消灭小农户。[⑥]但恰亚诺夫的观点在中苏两国的集体化生产时期不受关注。

20 世纪 70 年代末 80 年代初，在中国服务于由集体化向家庭联产承包责任制转型的理论的依据主要来自西方新古典经济学和制度经济学理论。其中最具代表性的理论由林毅夫提出，他认为农业生产的长周期和多环节特征使得农业劳动不易于监督并实行按劳分配，在缺乏集体生产退出权的条件下，作为追求私利的“理性经济人”的农业生产者会采取“出工不出力”的磨洋工方式，这明显降低了农业生产效率，因而恢复农业家庭经营有利于提高农业生产效率。[⑦]根据林毅夫的测算，恢复农业家庭经营这一制度因素对 1979—1984 年中国农业产值增长的贡献率达到 46.89%。[⑧]在新古典经济学和制度经济学理论的强势介入下，家庭生产经营方式重新被经济理论界主流接受为符合农业生产规律的合理方式。同时，学者也意识到中国高度依赖人力的农业生产方式是需要加以继续改造的，不过同样的，支撑改造的经济理论依据主要来自新古典经济学和以新古典经济学假设为支撑的发展经济学，其中最具代表性的是舒尔茨的改造传统农业论、科斯（Ronald H. Coase）的产权交易理论和刘易斯的二元经济论。舒尔茨认为农民具有“一个便士的资本主义”经济理性，会自主最优配置其所拥有的资源，其收入低主要是因为其使用的要素陈旧，只要按照市场原则办事并投资农民的人力资本，给农民所从事的农业生产引入新的要素，就能改善农民的收入流。[9]根据科斯提供的思路，只要清晰界定好产权（同时要加上较低的交易成本，而“低交易成本”事实上罕见），包括农民在内的市场参与者之间的自由交易会趋向于将资源配置结果导向优化状态。[10]显然，舒尔茨和科斯都抱有对自由市场的乐观态度，小农户的“小”在他们的论述思路下并不成为问题。但刘易斯的理论指出，包括中国在内的“发展中国家”存在城市—农村二元经济结构，农村中存在大量边际产出为零的农业劳动力，只有向城市转移这些劳动力，才能提高他们的边际产出，而留在农业中的劳动力的平均生产效率也才能提高。[11]根据刘易斯的理论，大量小农户中的劳动力的最终出路在城市而不在乡村，农业的出路在于大规模减少农业劳动力，在此基础上实现比较成规模的经营。[12]

在改革开放前后两个时期，支撑农业生产经营体制改革实践的是从外部引进的经济学说，这些学说并非中国学者基于对本国实际情况的深入了解而总结得出，不尽符合中国的历史和现实。在马克思主义经济学方面，关于法国小农的同质性“马铃薯”比喻并不能被直接挪用到中国乡村的历史和现实中，因为中国乡村素有比较成熟的民间社会网络，小农户绝非相互隔绝和互不搭理的主体，这不仅体现在宗族、村落共同体等民间社会组织方面，也体现在经久不息的集市、庙会、节庆等民间公共文化活动方面。[13]马克思关于法国小农生产技术“老朽”的评价也不能被直接套用于中国，因为中国有着悠久而丰富的农学实践和知识积淀，其中的生存智慧（厚生）、可持续发展和天地人互动理念有着永恒且历久弥新的价值，小农户的生产实践正是这些价值的实际承担者和体现者。小农户根据各地资源环境条件而开展的生产实践活动也是丰富多样的，并不单一。更重要的是，中国有远比欧美严峻的人地关系，怎么做才能够在人均土地资源极为有限的条件下谋求生存和发展？对这一问题的回答无法简单挪用马克思主义经典文本中的论述。用经典文本中的“小农消亡论”来强套并指导中国实践，将导致中国自身的许多生产实践经验、悠久农学传统和智慧总结被遮蔽。

列宁关于全球资本主义经济扩张大背景下，小农户实质上从属于资本积累逻辑的洞见极其深刻，但这个洞见不必然意味着消灭小农户并代之以自上而下式的集体化生产，而应包括帮助和联合小农户抵抗来自资本的利益侵蚀，帮助小农户在更大程度上实现自主生产经营。恰亚诺夫对小农户的生存逻辑的观察和分析细致入微，但相对缺乏列宁那样的全球眼光和深刻洞见。[14]事实上，在资本主义商品经济的强大进攻下，小农户难以自主独立地在自家土地上重复人口生产周期循环。在现实中，我们看到数量庞大的中国小农户仍然顽强存在着，同时他们也的确在不同程度上遭受了来自资本的利益侵蚀。[15]

在新古典经济学和制度经济学方面，追求理论普适、形式自洽是这些有意模仿自然科学的所谓“社会科学理论”的根本出发点，也是最终落脚点，这些学说本身都无意于具体考察中国乡村的实际情况。但是，将农业生产者或小农户假设为追求自身最大利益的“经济理性人”，认为他们会理性地在“缺乏退出权”的集体生产中偷懒，也会理性地在市场中谋求自身最大利益，并且，只要清晰界定好产权，自由交易资源和产品的结果必然是整个社会达到“帕累托最优”状态，这样论证家庭经营和市场合理性的方式只是从假设到假设的同义反复，谈不上和中国的历史、现实有真正接轨之处。基于这些学说的论述无法回答以下根本问题：其一，任何资源要素的取得都有代价，而人地比例过高、人均资源有限一直是中国问题的根本，在这种条件下，市场能保证每家每户的小农户分配到多少资源？或者能保证每家每户的小农户从市场上“买到”多少资源？如果小农户无法获得足够的生产资源，则生产和生存基本利益的实现都将无从谈起。其二，市场是残酷竞争和相互淘汰的领域，面对实力不对等的竞争，我们更应该追问的是，中国小农户和工商资本的竞争胜算几何？鸦片战争以来中国乡村家庭手工业不正是因为受到廉价工业品的冲击而被摧毁的吗？假设小农户不和工商资本竞争而是“联合”，结成产业链的上下游关系，那他们在工商资本面前究竟又有什么议价能力？不得不说，市场根本无法保障小农户的利益不受工商资本的侵蚀。

发展经济学经典学说也无法被简单移植到中国乡村。刘易斯关于存在大量边际产出为零的农业“剩余”劳动力的假设缺乏现实依据。对于长期处在温饱线边缘的中国小农户来说，多一个人意味着多一张吃饭的嘴巴还是多一双干活的手很难说，小农户即使对于自家人也是计较分明的。小农户从事农业劳动的目的就是获得产出，而且，在传统农业生产条件下，农忙期的体力劳作非常艰辛，甚至会出现因农时紧而缺乏足够人手的情况[16]，如此怎么还会有养大量“闲人”的空间？再者，按照刘易斯的逻辑，往城市工业转移是“剩余劳动力”提高产出的唯一方式，但中国自古有大量乡村副业和手工业，乡村手工业尤其是棉纺业正是在近代城市廉价工业商品（其中很大比例是外来商品）的竞争下凋零的。[17]从实际历史来看，城市非农产业不必然就是乡村劳动力的应许之地。

总体上，从外部引进的已有经济学说并不突出强调中国小农户原有的生存能力和发展主体性。遵循这些学说的中国学者往往也是预设小农户的无能、狭隘甚至“零产出”，或者认为其缺乏资源（也不会主动寻找资源），离不开外来帮助，或者重谈市场配置资源结果最优的简单经济学教条。黄宗智基于对中国乡村长期的扎实研究指出，研究小农户问题有必要结合中国自身的传统，从中国的具体历史和现实出发，中国研究者不该不假思索地充当西方经济理论追求普适性的野心的工具。[18]我们认同黄宗智所倡导的从具体历史和现实出发而不是从抽象理论预设出发的务实研究态度。回顾历史，我们意识到，小农户生产方式在中国已持续了数千年，当下仍然持续着，断言其必将消失尚为时过早；同时，青壮年劳动力大量外流，乡村留不住人的事实也说明小农户的处境在发生变化，市场并不必然允诺小农户美好前景。而中国共产党也清楚地意识到乡村和小农户的处境变化，并提出了实施乡村振兴这一重大战略举措，党所领导制定的公共政策和小农户的生存处境之间存在深刻互动关系。这些是研究者应该注意到的客观事实。在对贫困地区的实地调研过程中，我们认识到，部分农户之所以陷入贫困，在一定程度上是因为他们的发展主体性被有意忽略、自主发展能力被市场资本有意“去能”[19]，小农户并不甘心被“去能”并坐以待毙。这些观察和思考促使我们进一步关注小农户的自主生存和发展能力在各种因素制约下的动态变化过程。我们认为，从小农户发展主体性的起点出发进行考察和分析，有助于摆脱长期以来由外部引进的经济学说的束缚，贴近中国历史与现实，审慎思考中国小农户的前途，而不是继续单向度地对小农户的“去能”进程火上浇油。

小农户是如何被“去能”的

回到基本事实层面，对于任何小农户而言，实现自主发展的根基在于其所能自主利用的要素、资源的范围和数量，其中既包括了有形的要素、资源，又包括了无形的要素、资源、技术。前者包括小农户所熟悉并能利用的小型土地资源、劳动力、生产工具、役畜、自然资源等，后者包括小农户所习得或积累的生产知识、生产技术、社会关系网络资源等。中国各地的小农户在特定区域的长期生产实践中积累了丰富的经验知识和技术，并经由长期的交往互动形成了密切的社会关系网络。这些构成小农户自主发展能力基础的有形或无形要素、资源及其作用在现代生产要素、生产方式和生产技术引入的过程中会受到或积极或负面的影响，进而小农户的自主发展能力也会受到相应的影响。具体来说，如果小农户原来熟悉并能够自主利用的要素、资源数量减少，其原来所掌握的生产方式和生产技术难以再发挥作用，而小农户又难以掌握和自主利用现代生产要素和生产技术，则他们就无法继续在乡村实现自主性发展，相反只能依附于掌握了现代生产要素、资源的主体并受到后者支配。这是关于小农户如何被“去能”的基本逻辑。

新中国成立前，中国是一个受资本主义列强压迫的小农国度和半殖民地，现代化工业部门力量非常弱小。现代生产要素和生产方式的大规模引进是新中国成立后才出现的趋势。结合上述关于“去能”的基本逻辑，以下通过梳理新中国成立以来现代生产要素和生产方式的引进及其对小农户的影响，从历史发展的角度考察并分析小农户是如何被“去能”的。

农业集体化时期小农户在乡村自主发展的能力受抑

中国传统农业生产虽然凝聚着大量智慧经验，但在水利等基础设施条件欠缺且现代生产要素还未引入的时期，土地产出率和劳动生产率并不高，人民基本温饱长期缺乏保障。要从根本上摆脱温饱缺乏保障的困境，需要实现“农业现代化”。从工农关系看，新中国是一个远未实现工业化的农业国，城市和工业部门还无法“以工补农”式地为农业提供大规模的生产资料和技术装备，相反，城市的工业发展和重工业积累却需要农业部门提供巨大支撑。从农业内部来看，一家一户的小农户投资农业基础设施、引入新要素的能力极其有限，“农业现代化”主要还得通过整合分散于各家各户的资源，实现艰难起步。为了整合利用分散的资源，大范围改善农业公共基础设施条件，进而支持城市工业尤其是重工业发展，中国共产党领导乡村人民进行了农业合作化、集体化探索实践。在艰苦条件下，乡村人民“勒紧裤腰带”支援公共建设，国家也得以依靠生产集体进行广泛动员，投入巨量人力兴建了一大批农业水利基础设施。例如，1957—1965年期间，中国实施大中型水利项目290多个，增加有效灌溉面积5 716千公顷；20世纪70年代，在长江中下游建成500多座大中型水库，在淮河流域建成30多座大水库、2 000多座中小型水库，在海河流域建成80多座大中型水库、1 500多座小水库，并彻底扭转黄河“三年两决口”的险恶局面。[20]集体化时期的农业基础设施建设成就有目共睹。而且，虽然集体化时期城市工业尚无法为农业提供大规模的物资和装备支撑，但在农业剩余的支撑下，城市工业得以不断发展，随之而来的是现代化肥、农用机械被逐步有效地引入农业生产中。1952—1978年期间，全国化肥施用量（折纯量）由7.8万吨增长到884万吨[21]，农业机械总动力从18.4万千瓦增长到1.2亿千瓦[22]。此外，这一时期农业种质改良工作也在持续推进。值得一提的是，这一时期化肥、农机等新要素的生产供给能力和数量相当有限，新生产要素的引入和应用是在“土洋结合”的理念下开展的，新要素的应用并没有排挤传统的农业生产经验知识和人力投入模式。[23]

农业生产基础设施的改善和良种、现代化肥、动力机械等新要素的引入弥补了传统农业偏重于依赖人力投入的不足，有效提升了耕地产出水平。1952—1978年期间，中国粮食作物单产从1 322千克/公顷（176斤/亩）上升至2 527千克/公顷（337斤/亩），上升幅度接近一倍，同期全国人均粮食占有量从288.12千克上升至318.74千克[24]，高于新中国成立前的人均粮食占有量（1940 年和 1949 年全国平均每人仅占有 209 千克粮食）[25]。

毋庸置疑，农业集体化实践办成了传统一家一户的小农户办不到的事情，有效地将大量农田水利设施和一些现代生产要素引入中国传统农业。但集体化农业在实践过程中存在一系列问题，包括实际生产者只能被动地接受上级的生产指令且集体的生产类型高度单一化[26]，生产激励不足[27]，集体决策者掌握信息不充分且容易高估自身的组织能力[28]，集体生产方式的行政组织特征更有利于“政治能人”而非“经济能人”的成长[29]，等等。小农户之间的生产界限被消除，其要素、资源被纳入逐级而下的生产集体的统一支配和调配中，其生产活动被纳入集体的统一安排。虽然生产集体中各家各户的要素分配和占有趋于均等化，但小农户自主利用各种要素、资源的空间被大大压缩，他们实际上成为上级计划指令的最终落实者，失去了生产决策的自主性，即使在大田生产农闲期也无法自主从事农家副业生产。而且，虽然人均粮食占有量非常有限，但各家各户在统购统销制度下以低价为城市输送了大量农产品，而农民自身的人均粮食消费长期没有得到提升。1978 年农民家庭平均每人消费粮食（原粮）、食用油、棉花分别仅为 248 千克/人、1.97 千克/人、0.38 千克/人[30]，分别只及人均粮食、食用油、棉花占有量的 77.8%、35.8%、16.5%。为了尽可能保障粮食增产和支援重工业发展，各家各户的生产自主性和粮食消费受到抑制。

恢复家庭经营方式以来小农户在乡村自主发展能力上的复苏及衰变

在各种复杂因素的作用下，农业集体化实践在1978年以后逐渐中止，被家庭联产承包责任制取代。在实施家庭联产承包责任制初期，以重新获得配置自有资源的决策权为前提，除了继续利用集体化时期建设的农业水利设施，小农户主要利用其所在的小区域环境中多种多样的小型资源进行适当组合并开展农业、手工业或小工业生产。在利用地方性资源生产地方性产品的同时，小农户出售产品所面对的主要是地方性产品市场（如墟市、集市），农户产品的商品化率也不高[31]，这是由当时的交通条件和物流网络仍有待发展完善[32]，以及每户农业产量仍然较低的条件[33]所决定的。总体上，恢复农业家庭经营初期，小农户的劳动生产效率得到了显著提升，产品生产也多元化，人均农产品消费增加[34]，这些反映了小农户在乡村的自主发展空间得到拓展。

但是，随着现代农业发展进程的持续推进，化肥、农药、动力机械等来自外部的现代要素大量引进并投入农业生产，小农户的生产要素来源“在地化”特征弱化，对外部现代要素的依赖程度则越来越高。[35]此外，随着交通、物流网络和信息设施不断完善，农户所面对的产品市场由地方性市场转变为全国性市场甚至国际市场，他们需要在更大的范围内参与市场交换与竞争。生产要素来源和市场范围的变化对小农户在乡村在地的自主发展能力产生显著影响。

先看生产要素来源变化的影响。在现代要素还未大量引入的条件下，小农户利用所处环境中的小型资源开展低成本生产。在现代生产要素大量引进并替代原有的“在地化”小型资源时，不仅这些小型资源可能被闲置，而且小农户原来掌握的关于如何利用小型资源的经验知识将失去用武之地。小农户能否在现代生产要素大量引入的情况下避免被“去能”，取决于其能否成功支配并利用这些新引入的要素。但是，许多现代生产要素的获得门槛较高，例如，动辄数万元甚至数十万元的大中型农机的购置成本不是大多数小农户能够承担的。某些有足够资金的农户可以通过购买大中型拖拉机、收割机等来向其他农户提供机耕、机收等有偿服务。在这种情况下，后者在自家耕地上的人力投入就可能被前者的农用机械所替代。而且，后者本可以通过向其他农户提供人工收割等有偿服务，以更充分地利用自有劳力并增加收入，但这种机会很可能被市场化的农机服务所挤占。在“资本下乡”趋于加强的背景下，如果某一市场主体利用便利渠道大量引入农户不熟悉和不掌握的现代农业生产要素，如大量使用化肥替代农家肥、大量使用农药控制虫害、大量使用机械替代人力，则乡村原先的低成本生产资源（包括小农户的劳动资源）将面临被闲置的局面。又如，某一市场主体在乡村内大量租地并投入现代生产要素扩大生产规模，则那些有意愿适当扩大经营规模但承担不起土地租金，也缺乏农业机械等现代生产要素的小农户就可能被排挤在外。[36]最后，传统乡村互帮互助的社会关系网络也可能受到所引入的现代生产要素的冲击。例如，传统农户在农忙时通过互帮互助完成大田收割等环节，但大中型收割机的大量引入使农忙时的互帮互助不再流行，这种情况对于那些仍需借助社会关系网络来完成生产的弱势小农户是不利的。

再看市场范围变化的影响。市场范围拓宽意味着小农户要和大量市场主体展开竞争。在农产品生产方面，小农户理论上可以面向范围更大的市场生产高附加值产品，但在现代生产要素大量引入并替代“在地”资源的情况下，生产者只能通过投入大量现代生产要素来生产高附加值产品，例如利用价格昂贵的大棚及现代饲养设备生产蔬菜、畜禽产品。然而，大多数小农户资金有限，无法承担这些现代生产要素的购置和使用成本，因而被排除在高附加值产品（如果蔬、畜禽）生产之外，他们只能主要从事低附加值农产品（粮食或其他大田作物）生产。[37]即使在低附加值农产品（如粮食）市场上，小农户的处境也不乐观，因为除了存在现代生产要素替代本地小型资源并抬高生产成本这一负面影响，来自国外的规模化农业的产品生产成本相对较低，能够以更低的价格和小农户竞争产品市场。所以，小农户在高附加值农产品生产和低附加值农产品生产两方面可能被同时“去能”。

综上所述，随着现代生产要素的大量引入和市场竞争范围的扩大，单家独户而缺乏资源的小农户在要素利用、产品类型选择、销售收入提升等方面的自主发展空间日益受到压缩，特别是在乡村，单纯从事农业生产的小农户的发展空间更为狭窄，也更容易沦为“贫困户”。[38]在这种情况下，小农户家中那些年轻力壮也受过更多学校教育的成员，只能纷纷前往城市，尤其是沿海城市务工。可以说，这是一批被挤出的劳动力，而并非在乡村没有产出的“剩余劳动力”。青壮年劳动力是乡村中最有活力的群体，他们的大量外流很可能会瓦解乡村在地的社会关系网络和生产要素结构，使得乡村的产业发展失去年轻人才这一最根本的动力，并进一步造成非良性循环的局面[39]，导致小农户在乡村在地的发展自主性进一步被削弱。

该如何对小农户“赋能”

党和政府高度重视小农户的生存和发展状况。2019 年 2 月，中共中央办公厅、国务院办公厅联合印发《关于促进小农户和现代农业发展有机衔接的意见》，明确要求各地区各部门“扶持小农户，提升小农户发展现代农业能力”，强调这是“推进中国特色农业现代化的必然选择”，是“巩固党的执政基础的现实需要”[40]。2021 年 4 月，第十三届全国人民代表大会常务委员会第二十八次会议通过的《中华人民共和国乡村振兴促进法》，进一步将“促进小农户和现代农业发展有机衔接”提升到正式法律层面。[41]可以明确地说，思考如何为小农户进行赋能，避免小农户被进一步“去能”，具有重大而鲜明的时代意义。基于上文分析，我们提出以下赋能路径：

由基层党组织引领小农户开展合作

在激烈的市场竞争之中，小农户只能作为拥有更多现代生产要素和资源的市场主体的依附者或雇佣对象，也只能获得相对廉价的雇佣工资。只有真正通过合作的方式，将各家各户有限的要素和资源合理有效地组织起来，共同分担引入现代生产要素的成本，共同开展成本门槛较高的高附加值产品生产，有组织地开拓产品销售渠道，小农户才可能摆脱对强势市场主体的依附，也才能在市场站稳脚跟。相反，如果继续弱化小农户的组织性，一味通过引入现代生产要素来替代小农户所利用的小型在地资源，或一味通过推动市场一体化来加剧小农户所承受的市场竞争压力，则小农户只能陷入被进一步“去能”的困境。

那么，如何加强小农户之间的组织性？如同小农户难以独自承担昂贵的现代生产要素的引进成本、难以独自开展适度规模的高附加值产品生产、难以独立开拓市场销售渠道一样，大量分散的小农户也面临较高的合作成本问题。在当前乡村青壮年成员大量外流的情况下，最有活力的成员不在场，小农户之间开展合作的成本进一步提升。单家独户的力量非常有限，多数小农户不会主动去克服较高的合作成本，积极开展合作，以至于小农户虽能够意识到合作具有广阔的收益前景，但各家各户仍然陷入“囚徒困境”，极少有人为大家的共同长远利益而出来领头。由此，推动小农户之间的合作，在起步阶段必然离不开能够帮助小农户有效克服合作成本的组织者。这样的组织者需要具备公共奉献精神，也要具备一定的成本承担和风险承受能力，一定的要素、技术和知识积累，唯有这样才能筑牢组织小农户的坚实基础。市场主体（无论其人数规模和积累的资本有多大）并不适合充当这样的角色，原因在于市场主体所有行动的最根本依据都是追逐自身利益，而非出于真正的奉献意愿，这一特点在一些名为成立合作社帮助带动农户，实为套取政策补贴的工商资本身上表现得尤为明显。事实上，任何市场主体的能力范围和能够帮助小农户承担的合作成本都非常有限。

在中国最广大的范围内，满足上述条件的只有中国共产党及其各级党组织。党的宗旨是“全心全意为人民服务”，一切工作的开展是为了服务人民，这是党区别于其他社会主体的最鲜明特征。在领导中国人民开展革命和社会经济建设的过程中，党领导下的公共部门积累了丰富的要素、技术和实践知识，这些资源能够经由公共服务输送渠道，为小农户开展合作提供必要支持。党已经领导中国人民取得了脱贫攻坚的伟大胜利，这一胜利具有历史性和世界性意义，充分说明只有党才真正关怀全体中国人民的生存和发展利益，才能够真正领导中国人民摆脱贫困，才能够真正团结领导中国人民走向共同富裕。脱贫攻坚任务完成后继续推进乡村振兴事业，党必然责无旁贷地承担起团结组织小农户的重任。山东省烟台市正在探索的“村党支部领办合作社”实践模式，旗帜鲜明地突出基层党组织在农民合作中的领导者角色，其相关实践探索值得借鉴。

组织小农户开展综合性的合作

应组织小农户开展什么样的合作才能够真正产生赋能作用？在各地实际调研中，我们看到许多“合作”的内容单一，比如不少农机专业合作社只强调统一利用昂贵机械来收割作物，但是对农户如何选择生产类型和销售产品不管不顾，这无法真正帮助农户在乡村实现发展，充其量只是使农户减少了一些农业生产环节用工而已。而且，许多“合作”只强调短期可兑现到个体身上的经济利益，没有在共同长远利益上凝聚起成员共识，很容易导致“利尽则散”的局面。要真正长久持续地为小农户赋能，应致力于组织他们开展综合性合作：既要开展多环节、多产品类型的生产合作，又要突出超越于短期经济利益的共识凝聚。

生产合作方面，如上文所言，小农户在生产要素利用、生产类型选择、产品销售等多方面都面临被“去能”的困境，乡村青壮年成员大量外流并非某个单一因素作用的结果。这就意味着，要帮助小农户摆脱被“去能”的困境，首先应该逐步帮助他们综合应对各方面的生产难题，否则单一的支持措施无法奏效。具体来说，在帮助小农户引进利用先进的农机等现代生产装备的同时，要帮助他们发展高附加值产品生产，拓宽销售渠道，否则现代装备无法真正投入生产并发挥作用；在帮助小农户发展高附加值产品生产的同时，要帮助他们引入及合理利用现代生产要素并开拓市场，否则产品生产无从开展，小农户也无法真正实现增收；在帮助小农户拓宽产品销售渠道的同时，要帮助他们引进利用现代生产要素并发展高附加值产品生产，否则小农户的生产无法对接升级变化的市场需求。其次，由于农业生产具有季节性特征，多数小农户的生产是多样化的，其在农忙期和农闲期从事不同类型的生产。事实上，非农收入已经成为农户最主要的收入来源。因此，帮助小农户加强合作不能局限在农业领域，而是要扩展至非农领域，充分延伸农业产业链。这也就意味着，公共部门有必要组织小农户开展多产品类型的生产合作，而不仅仅是单一产品、专业性的生产合作，唯有如此才能真正帮助小农户充分拓展在乡村的生产空间。再次，帮助小农户开展多类型的生产合作，必然离不开包括教育培训、金融服务、基础设施建设、市场信息指导等在内的公共服务的支持和保障，这些都需要党组织扎根基层，深入了解农户生产中的实际需求和关键问题，有针对性地将相应的服务资源引导向农户。

共识凝聚方面，党在对农民开展集体主义教育和社会主义思想教育方面具有光荣传统，注重采用物质鼓励和精神激励相结合的方式，引导农民群众放眼长远和顾全大局，充分调动农民群众建设社会主义的积极性。这正是改革开放前农民群众能够在艰难条件下“勒紧裤腰带”支援国家重工业建设的重要原因之一。事实上，农民群众的奉献为新中国的原始工业积累和改革开放后的进一步快速发展提供了强大支撑。稳固的农户合作组织的形成要克服一系列难题，不可能一蹴而就，合作利益的显现也很可能具有滞后性，要经历一定时间甚至是长期曲折的艰难探索，经受住来自自然和市场的大量风险和问题的考验。在市场化环境下，脱离个体经济利益来谈农户合作是完全不现实的，但光有经济利益而缺乏集体主义精神的凝聚，小农户无法清楚认识到共同长远利益，他们也很难长久坚持下去，一旦遇到问题就可能退出合作，合作组织很快也会被市场力量冲垮。这也就意味着，组织小农户开展合作不能只关注生产，还有必要就社会主义奋斗史、党史、新中国史、本地区发展历史、先进地区经验、先进人物事迹等开展集体学习和思想交流，在发展生产的同时积极组织成员开展讨论，主动呈现各方意见，明确合作组织的发展方向和成员的共同利益所在。概而言之，综合性合作组织既是一个多元化的生产组织，又必然是一个超越短期经济利益的具有集体主义思想内核的组织。

引入现代生产要素应注重激发小农户的自主发展能力

在现代社会，人们完全无法忽视“规模经济”的存在，大城市正因为其现代生产要素集聚和规模效应而呈现令人叹为观止的生产效率，小农户正因为其规模“小”，无法大规模应用农机等现代设备而饱受缺乏生产效率的诟病。毫无疑问，组织小农户开展合作有必要充分发挥资源整合后的规模效益。但乡村的人口分布相对分散，有其显著不同于城市的人口分布特性，乡村季节性的农业生产也不同于连续性的城市工业，因此不能简单地把乡村资源整合所发挥出的规模效益和城市进行比较。各地乡村相对于城市的显著优势在于其生态环境、社会人文传统和地方特色资源。如上文所言，中国小农户身上承载着中国悠久而丰富的农学实践和知识积淀。在突出强调建设生态文明的今天，传统生产实践中所蕴含的闪光点应该得到展现而不是被现代生产方式无情替代掉，“传统要素”和“小规模”并不必然与“现代要素”和“大规模”势不两立。

根据东亚社会人多地少的典型特征，日本学者鹤见和子提出立基于小生产者的“内发型发展”概念和思路，她指出：“在地区的小传统中，发现如何解决人类目前面临的各种困难问题的关键，并使旧的东西在新的环境中得到适应和改造，通过这些做法，开拓出多样化的发展途径，只能是该地区的小民。从这个意义上说，对内发型发展的研究，实际上是对小民的创造性的探究。”[42]我们认为这一概念及思路体现了充分的包容性，为现代化背景下小农户的生存和发展留下了空间，有助于小农户利用现代生产要素实现“扎根”乡村社会而非被城市化“拔根”。[43]实际上，在国际形势日益复杂，城市生活就业成本高涨，且有部分农民工因为年龄增长等原因而“回流”乡村的今天，如何帮助小农户更好地“扎根”乡村社会，已经成为一个无法回避的现实问题，并与城乡融合关系的塑造息息相关。

在新时代发展背景下，参考“内发型发展”思路，组织小农户开展合作并非单一地引入现代生产要素替代乡村在地资源，或单一地追求现代生产要素投入的规模效应，而更应该注重激发小农户的主动性和经验智慧，帮助小农户合作挖掘利用本地特色小型资源，将引入现代生产要素和有效利用在地资源有效结合起来。只要小农户自主利用乡村在地资源的能力不被削弱，又能够因为现代生产要素的引入而进一步提高自主发展能力，赋能的效果就更能够得到体现，小农户实现“扎根”乡村社会发展的可能性也就更大。

结语

中国有显著不同于西方的历史发展轨迹，小农户一直以来是乡村社会的基石，如何安顿小农户的生计，应该慎之又慎。中国小农户的消失不必然是“自然”的结果，而是取决于社会发展和政策制定的导向。我们提出小农户“去能”的观察和分析视角，用意绝不是反对中国农业农村的现代化和城镇化进程，也绝不是主张农业倒退到传统农业，而是为了说明：小农户的困境主要来自政策和市场力量先后对小农户在乡村的自主发展能力的削弱作用。我们需要更加审慎地看待已有的、被应用于讨论小农户前途，并影响政策制定的有关外来经济学说的实践价值，也有必要抛开理论的独断预设，时时留意发生在小农户身上的具体变化，关注小农户特别是那些缺乏资源的弱势小农户是否正在被“去能”，如何被“去能”，“去能”的结局如何，各级党组织又该如何及时地为小农户赋能。

注释

①马克思．资本论：第1卷.中共中央马克思恩格斯列宁斯大林著作编译局，译．北京：人民出版社，2018：435－443，514－528.

②马克思．资本论：第1卷.中共中央马克思恩格斯列宁斯大林著作编译局，译．北京：人民出版社，2018：823－842.

③马克思．路易·波拿巴的雾月十八日//马克思，恩格斯．马克思恩格斯全集：第8卷．北京：人民出版社，1961：217.

④马克思．法兰西内战//马克思，恩格斯．马克思恩格斯选集：第3卷．3版．北京：人民出版社，2012：147.

⑤列宁．俄国资本主义的发展//列宁．列宁选集：第1卷．3版．北京：人民出版社，2012：160－238.

⑥恰亚诺夫．农民经济组织．萧正洪，译．北京：中央编译出版社，1996：240－271.

⑦林毅夫．中国农业家庭责任制改革的理论与经验研究//林毅夫．制度、技术与中国农业发展．上海：格致出版社．2014：25－49.

⑧林毅夫．中国的农村改革与农业增长//林毅夫．制度、技术与中国农业发展．上海：格致出版社，2014：50－74.

⑨舒尔茨．改造传统农业．梁小民，译．北京：商务印书馆，2006：28－29.

⑩科斯．社会成本问题//科斯．企业、市场与法律．盛洪，陈郁，译．上海：上海人民出版社，2014：78－123.

⑪LEWIS W A. Economic development with unlimited supplies of labor. The Manchester School，1954，22（2）.

⑫蔡昉．农业劳动力转移潜力耗尽了吗？．中国农村经济，2018（9）.

⑬施坚雅．中国农村的市场和社会结构．史建云，徐秀丽，译．北京：中国社会科学出版社，1998：78－95.

⑭张慧鹏．农民经济的分化与转型：重返列宁-恰亚诺夫之争．开放时代．2018（3）.

⑮吴重庆，张慧鹏．小农与乡村振兴：现代农业产业分工体系中小农户的结构性困境与出路．南京农业大学学报（社会科学版），2019（1）.

⑯卜凯．中国农家经济．张履鸾，译．上海：商务印书馆，1936：339－383.

⑰严中平．中国棉纺织史稿．北京：商务印书馆，2011：66－113；吴承明．经济史理论与实证：吴承明文集．杭州：浙江大学出版社，2012：202.

⑱黄宗智．从实践出发的经济史和经济学//黄宗智．明清以来的乡村社会经济变迁：历史、理论与现实（卷三）．北京：法律出版社，2014：373－382.

⑲吴重庆．小农与扶贫问题．天府新论，2016（4）；吴重庆．内发型发展与开发扶贫问题．天府新论，2016（6）.

⑳郑有贵．中华人民共和国经济史（1949—2019）．北京：当代中国出版社，2019：84.

㉑中华人民共和国农业部．新中国农业60年统计资料．北京：中国农业出版社，2009：8.

㉒国家统计局农村社会经济调查司．中国农业统计资料汇编1949—2004．北京：中国统计出版社，2006：21.

㉓SCHMALZER S. Red revolution，green revolution：scientific farming in socialist China. Chicago：The University of Chicago Press，2016.

㉔同㉑17.

㉕吴慧．中国历代粮食亩产研究．北京：农业出版社，1985：220.

㉖徐俊忠．探索基于中国国情的组织化农治战略：毛泽东农治思想特征及其反思．马克思主义与现实，2018（6）.

㉗刘守英．中国农地制度的合约结构与产权残缺．中国农村经济，

1993（2）.

㉘张红宇．新中国农村的土地制度变迁．长沙：湖南人民出版社，2014：42－43.

㉙廖洪乐．中国农村土地制度六十年：回顾与展望．北京：中国财政经济出版社，2008：62－67.

㉚国家统计局农村社会经济调查司．中国农村统计年鉴1985. 北京：中国统计出版社，1986：199.

㉛2004年以前，农户所产粮食的50%以上供自家消费而不是对外出售。农产品商品化率＝农户每亩产品产量中用于出售的数量÷每亩产品产量。参见：国家发展和改革委员会价格司编．1992—2019年《全国农产品成本收益资料汇编》。

㉜1949—1978年期间中国公路总里程由8万公里增加至89万公里，到1999年增加至135万公里，交通条件已经明显改善，但公路里程增长幅度与1999年后的井喷式增长相比仍相形见绌：2010年公路总里程增长至400.82万公里，2018年进一步增长至484.65万公里。同样的，1949—1978年、1978—1999年期间的社会货运量增长幅度与1999年后的井喷式增长相比也相形见绌：1949—1999年期间社会货运量由16 097万吨增长至1 293 008万吨，而到2018年，社会货运量增长至5 152 732万吨之巨。其中主要增长来自公路货运量的增长。参见：中国交通运输协会．中国交通年鉴2019. 北京：《中国交通年鉴》社，2020。

㉝2006年以前，历年中国第一产业就业人员人均粮食产量都低于1 500千克。按照人均400千克的国际粮食安全标准线，这一产出水平只够支撑三口人的每年粮食消费，农户并没有太多余粮可以对外出售。

第一产业就业人员人均粮食产量＝历年粮食总产量÷第一产业就业人数。参见：国家统计局农村社会经济调查司．中国农村统计年鉴 2020. 北京：中国统计出版社，2020：31，139。

㉞郑有贵．中华人民共和国经济史（1949—2019）. 北京：当代中国出版社，2019：151－156. 关于乡村人均农产品消费增长，请参见：国家统计局农村社会经济调查司．中国农村统计年鉴 2019. 北京：中国统计出版社，2019：24－27。

㉟1978 年以来中国农业生产中的化肥、农药、农用机械投入都趋于上升，特别是 2004 年以后大中型农机动力的投入快速增加。参见：国家统计局农村社会经济调查司．中国农业统计资料（1949—2019）. 北京：中国统计出版社，2020：36，38。

㊱陈奕山，钟甫宁，纪月清．有偿 VS 无偿：耕地转入户的异质性及其资源配置涵义．南京农业大学学报（社会科学版），2019（6）.

㊲2017 年农作物总播种面积中粮食作物面积占比 70.9%，油料作物、棉花、麻类、糖料、烟叶、青饲料等经济作物合计面积占比 14.4%，药材、蔬菜、瓜果面积占比 14.6%。绝大多数小农户小面积种植粮食（8.45 亩/人）、经济作物（1.72 亩/人）和蔬菜瓜果药材（1.74 亩/人），且第一产业就业人员的人均粮食播种面积远高于蔬菜瓜果药材等高价值作物。参见：国家统计局农村社会经济调查司．中国农村统计年鉴 2020. 北京：中国统计出版社，2020：31，113－116。

㊳吴重庆．小农户视角下的常态化扶贫与实施乡村振兴战略的衔接．马克思主义与现实，2020（3）.

㊴吴重庆．从熟人社会到“无主体熟人社会”．读书，2011（1）.

㊵中共中央办公厅、国务院办公厅印发《关于促进小农户和现代农业发展有机衔接的意见》.（2019－02－21）.http：//www.gov.cn/zhengce/2019－02/21/content_5367487.htm.

㊶中华人民共和国乡村振兴促进法.（2021－04－29）.http：//www.npc.govcn/npc/c30834/202104/8777a961929c4757935ed2826ba967fd.shtml.

㊷鹤见和子，胡天民."内发型发展"的理论与实践.江苏社联通讯，1989（3）.

㊸卢晖临，粟后发.迈向扎根的城镇化：以浏阳为个案.开放时代，2021（4）.

（原刊《马克思主义与现实》2021年第5期，
本文与陈奕山合作）

第四章　常态化扶贫与乡村振兴战略的衔接

2020 年是我国全面建成小康社会目标实现之年，也是全面打赢脱贫攻坚战收官之年。2020 年中央一号文件指出：“脱贫攻坚任务完成后，我国贫困状况将发生重大变化，扶贫工作重心转向解决相对贫困，扶贫工作方式由集中作战调整为常态推进。”对广大农村地区来说，2020 年的脱贫攻坚任务完成之后，依然存在不稳定脱贫户返贫、处于贫困边缘的边缘户新发生贫困以及相对贫困的出现等风险。为此，2020 年之后的扶贫工作需要从攻坚战转为持久战，实现建立解决相对贫困的长效机制与实施乡村振兴战略的有机衔接。

下面继续从小农户的视角，探讨 2020 年之后我国的常态化扶贫与实施乡村振兴战略的有机衔接问题。脱贫攻坚任务完成后，在我国广大农村，农业的经营单位仍然将以小农户为主。如同脱贫攻坚期间小农户和贫困户之间存在交集一样，在脱贫攻坚任务结束后，以农业作为家庭主要收入来源的纯农户等弱势农户将继续与相对贫困户之间存在较大程度的交集。持续关注并解决弱势小农户的生存困境，拓展其发展空间，与常态化扶贫及实施乡村振兴战略息息相关。

理解仍将长期存在的“小农户”

从马克思、恩格斯到列宁，从我国的社会主义建设到改革开放时期，小农一直被视为保守落后、缺乏效率的代名词，需要对之大力改造并加以消灭。新中国前 30 年的农业集体化运动及改革开放后对规模化、现代化农业发展模式的推崇，都殊途同归，致力于“去小农”。[①] 直至 2017 年党的十九大报告才第一次不含贬义地正面提到“小农户”，提出“实现小农户和现代农业发展有机衔接”。2019 年 2 月 21 日，中共中央办公厅、国务院办公厅更是印发了《关于促进小农户和现代农业发展有机衔接的意见》，小农户终于进入新时期中国农业发展战略的视野。《关于促进小农户和现代农业发展有机衔接的意见》并没有对“小农户”加以界定，只是作如下表述：“小农户是家庭承包经营的基本单位”，“小农户是我国农业生产的基本组织形式”，“小农户是乡村发展和治理的基础”，突出小农户作为农业生产经营及社会构成的基本单位。

在我国现当代语境下，小农户往往与小农、小农经济不加区分地混合使用。叶敬忠等辨析了“小农户”（small farmer）与“小农”（peasant）之别。他们认为，“小农”观念具有意识形态的属性，“小农户”则与价值无涉，只是关注“小农”生产经营的边界问题，“小农户”的本质属性是“以家庭生产经营为基础的生产力属性”，“小农”的适用理论是马克思主义政治经济学，“小农户”的适用理论则是经济体系的基本原理。[②]叶敬忠等的辨析有利于避免对小农的污名化殃及小农户。但即使将“小农户”与“小农”作了区分，学界在关于“小农户”的认识上还是不尽一致。如郎秀云认为，“当代中国的小农户不再具有传统小农在自然经济下生产落后、封闭孤立的小生产属性，正在并终将成为社会化的商品生产者和现代农业发展的重要组织资源”，主张应该“从土地规模和农业经营收入两方面对中国农户加以界分”，因为在今天农业集约化经营模式之下，土地面积并不能准确标示农户的经营规模。她在此是把小农户认定为可以在有限土地面积上实现劳动和资本双密集型生产的农户；那些无法密集投入劳动力或者无法同时密集投入劳动力和资本的农户，似乎不在其视野之内。不过，她正确地指出了“小农户”与“规模农业经营户”之别，认为“小农户是相对于规模农业经营户而言的，即以家庭为基本单位从事农业生产经营活动，且依靠农业经营无法获得与非农产业大致相同收入的农户”。[③]她对“小农户”所做的进一步定义，事实上与前述定义矛盾，即：如果小农户的农业经营活动收入低于非农产业或者非农就业（机会成本也低于非农就业），小农户怎么可能往有限的土地中加大劳动力和资本的投入呢？小农户又怎么可能成为社会化的商品生产者呢？中央有关文件提及“小农户”时，并没有将其视为与种植大户、家庭农场、合作社、龙头企业并列的新型农业经营主体，就是有鉴于小农户只能徘徊在低劳动生产效率和排斥技术累进的分散式经营的境地，无法实现农业的集约化经营，所以需要给予特别的政策支持。

小农户徘徊在低劳动生产效率和排斥技术累进的分散式经营的境地，是不是因为小农户懒或缺乏理性计算能力？这需要我们客观认识小农户的特性。

小农户并非一般的考虑投入和产出的生产单位，而是既是生产单位，又是消费单位，集生产与消费于一体。我们认为，对小农户比较客观和不带贬义的理解是农政学家笔下的由家庭自己耕作的农场。俄国（苏联）经济学家恰亚诺夫的提醒值得反复提起并牢记，即小农户家庭的生计逻辑不同于资本主义的经济逻辑，为了养家糊口，小农户的农业生产即便不产生利润，也要进行下去：“农民农场中的经济活动对象与劳动量主要地不是由农场主的资本拥有量决定的，而是由家庭规模和家庭消费需求的满足与劳动的艰辛程度之间达到的均衡水平决定的。”[④]甚至，小农户进行“自我剥削”（self-exploitation）也不奇怪，原因在于劳动力再生产的压力使得小农户在恶劣生存条件下无法去计较额外的劳动力成本。

对此，著名农政学家亨利·伯恩斯坦（Henry Bernstein）

阐释道："资本主义农场主不得不将工资成本纳入支出与利润预期的计算之中，家庭则并不会将自己在其农场的劳动力成本计算在内。实际上，'农民'的耕作会比资本主义农场的耕作更为集约，尽管其劳动生产率水平低于后者。""与资本主义农场主相比较，家庭小农能够负担生产与再生产的成本，且愿意接受更低的消费水平（从而形成自我剥削）。"伯恩斯坦区分了"家庭农场"的三种形态，即"为家庭所有的（family-owned）农场、由家庭管理的（family-managed）农场或家庭自己耕作的（family-worked）农场"[⑤]。恰亚诺夫分析的"农民经济组织"和伯恩斯坦讨论的家庭小农，都是指由家庭自己耕作的农场。

黄宗智先生也是在此意义上使用"家庭农场"的概念，并提出家庭农场的"内卷化"问题。他说："在人口压力下，也就是说在土地不足的情况下，一个家庭农场会为生存需要而在土地上继续投入劳力，逻辑上直到其边际报酬下降到近乎零，而一个资本主义企业则只是一个生产单位，它会在边际报酬降到低于市场工资时，停止再雇用劳动力"，这样，家庭农场"所得到的单位面积产量是高于经营式农场的，但按照每工作日计算，其劳动生产率则要低于经营式农场。这就是我所谓'内卷'的基本含义"[⑥]。因此，家庭农场的韧性或者生命力远远超过经营式农场。他结合改革开放后中国农村中绝大多数家庭都有人外出打工的事实，提出"半工半耕制度的逻辑"，认为家庭农场在打工潮下依然不会消失，即“人多地少的过密型农业因收入不足而迫使人们外出打工，而外出打临时工的风险反过来又迫使人们依赖家里的小规模口粮地作为保险。这样，就使过密型小规模、低报酬的农业制度和恶性的临时工制度紧紧地卷在一起”[⑦]。我们也注意到，黄宗智先生在分析历史时期以及“半工半耕”逻辑下的“家庭农场”时，所看到的“家庭农场”类似于当前中央文件里提及的“小农户”（特点是低劳动生产效率和排斥技术累进的分散式经营），但他在论述新时期中国发生的农业的隐性革命时，强调了家庭农场在小规模土地上依靠资本—劳动双密集化的投入，以范围经济效益而非规模经济效益取胜的可能性。正是这一可能性再度显示了家庭农场优于资本主义农场的强大生命力。[⑧]但在此，其所谓的家庭农场已经从以往的“内卷化”发展到“去内卷化”，这其实吻合了农业部对“家庭农场”的定义：“家庭农场作为新型农业经营主体，以农民家庭成员为主要劳动力，以农业经营收入为主要收入来源，利用家庭承包土地或流转土地，从事规模化、集约化、商品化农业生产。”[⑨]如果小农户等同于黄宗智先生此处所说的“家庭农场”，小农户似乎就变成了一个新型农业经营主体，不再是低劳动生产效率和排斥技术累进的分散式经营主体。但是，根据实际情况来看，现实中比较成规模地开展资本密集型农业生产的农户仍然属于绝对少数，至少在未来较长一段时期，中国的大多数小农户的生产还不可能实现“资本—劳动”

双密集化，从而也就不可能“升级”为“家庭农场”。

通过以上分析，我们可以揭示出“小农户”的特点。“小农户”不属于新型农业经营主体，“小农户”不包括作为新型农业经营主体的专业大户和家庭农场。“小农户”可以进行劳动密集型的劳作，但无法实现资本密集型的农业集约经营，其农产品商品化程度低下。对大多数“小农户”来说，“半工半耕”的生计安排，进一步强化了其集生产与消费于一体的特点。

立基于小农户的常态化扶贫

根据我们对连片特困山区之一的乌蒙山区凉山彝族地区的调查，结合《中国农村统计年鉴 2013》和《中国第二次全国农业普查资料综合提要》的数据，我们得出“越是贫困地区的农户，越是依赖农业收入，同时也越是远离农业技术措施的利用”，以及“贫困户多选择在自家有限的农地上从事传统农业”的结论。[10]为了更全面了解我国小农户的状况，以下我们利用中国统计出版社分别于 1998 年、2008 年、2019 年出版的《中国第一次农业普查资料综合提要》《中国第二次全国农业普查资料综合提要》《中国第三次全国农业普查综合资料》（以下凡引用其中数据，不再注明具体出处）里的有关数据加以比较分析，考察我国 1996 年、2006 年和 2016 年三个时间节点以及

1996—2016 年农业经营主体的变化。

全国农业普查是大型的国情国力调查，第一次至第三次全国农业普查分别于 1997 年、2007 年、2017 年进行，时期指标的标准时期分别为 1996 年 1 月 1 日至 12 月 31 日、2006 年 1 月 1 日至 12 月 31 日、2016 年 1 月 1 日至 12 月 31 日。第一次及第二次全国农业普查是把农业经营主体分为农村常住户的“农业户”和非住户的“农业生产经营单位”或“农业产业活动单位”，其中“农业户”包括“纯农业户”（指家庭从业人员从事的主要行业均为农业的农村住户）、“农业兼业户”（指家庭从业人员从事的主要行业为农业的人数大于非农业人数的农村住户）、“非农业兼业户”（指家庭从业人员从事的主要行业为农业的人数小于非农业人数的农村住户）。第三次全国农业普查则是将农业经营主体分为“农业经营户”和“农业经营单位”，“农业经营户”不再细分为“纯农业户”“农业兼业户”“非农业兼业户”，而只是在“农业经营户”之下单列出“规模农业经营户”，在“农业经营单位”之下单列出“农民合作社”。从这三次普查的有关数据比较看，我国农业经营户数量分别为：1996 年 19 308.8 万户，2006 年 20 015.9 万户，2016 年 20 743 万户（其中包括 398 万户规模农业经营户）。在这大约 20 年时间里，农业经营户前 10 年以 3.7%的速度增长，后 10 年以 3.6%的速度增长。第三次全国农业普查对“规模农业经营户”的定义是：“具有较大农业经营规模，以商品化经营为主的农业经营户"，其中种植业的规模化标准为"一年一熟制地区露地种植农作物的土地达到100亩及以上、一年二熟及以上地区露地种植农作物的土地达到50亩及以上、设施农业的设施占地面积25亩及以上"。"规模农业经营户"在此指作为新型农业经营主体的专业大户和家庭农场。截至2016年12月31日，全国共有20 743万户农业经营户，剔除398万户规模农业经营户后，剩下的20 345万户农业经营户，就属于我们所说的"小农户"。

"小农户"的现状究竟如何？

一是"小农户"的耕地规模。时任农业农村部副部长韩俊在2019年3月1日国务院新闻办公室举行的新闻发布会上介绍说："第三次全国农业普查数据显示，全国小农户数量占农业经营主体98%以上，小农户从业人员占农业从业人员90%，小农户经营耕地面积占总耕地面积70%。全国现有农户2.3亿户，户均经营规模7.8亩，经营耕地10亩以下的农户有2.1亿户。"可以肯定的是，如果剔除掉规模农业经营户，剩下的20 345万户"小农户"的户均经营规模则更小。农业农村部另一位副部长曾撰文称我国分散的小规模农户户均耕地面积在5亩左右。[11]而1996年第一次全国农业普查的数据则透露了我国农业经营户耕地规模构成的更详细信息，即：3亩以下的占30.3%，3～9亩的占53.1%。随着耕地保护压力的加大，估计户均耕地在3亩以下的比例应该更高。

二是“小农户”的收入构成。在 1996 年全国 19 308.8 万农业经营户中，纯农业户占 65.6%，农业兼业户占 20.2%，非农业兼业户占 14.2%；在 2006 年全国 20 015.9 万农业经营户中，以农业收入为主的户占 58.4%，比 10 年前减少了 7.2%。第一次、第二次全国农业普查重要结果对比显示，2006 年全国农业经营户中农作物种植业从业人员的数量比 1996 年减少了 20.4%；第二次、第三次全国农业普查重要结果对比显示，2016 年全国农业经营户中农作物种植业从业人员的数量比 2006 年减少了 9.1%。

不管是以农业收入为主的户比例减少，还是农作物种植业从业人员的减少，可以共同说明一个问题，即“小农户”中“农业兼业户”和“非农业兼业户”的比例在较大幅度地上升，农作物种植业中减少的从业人员转向二三产业就业，打工收入成为主要收入的户比例在增加。

三是“小农户”的劳动力资源状况。从农村劳动力的年龄构成看，1996 年我国农村从业人员各年龄组比例为，25 岁及以下占 24.0%，26～35 岁占 29.5%，36～45 岁占 20.6%，46～50 岁占 8.4%，51 岁及以上占 17.5%；2006 年我国农村劳动力资源中，20 岁及以下占 13.1%，21～30 岁占 17.3%，31～40 岁占 23.9%，41～50 岁占 20.7%，51 岁及以上占 25.0%；2016 年我国农业生产经营人员年龄构成为，35 岁及以下占 19.2%，36～54 岁占 47.3%，55 岁及以上占 33.6%。

从农村劳动力的文化素质构成看，1996 年我国农村从业人员中，不识字或识字很少的占 14.0%，小学占 42.1%，初中占 38.0%，高中及以上占 5.9%；2006 年我国农村劳动力资源中，文盲占 6.8%，小学文化程度占 32.7%，初中文化程度占 49.5%，高中及以上文化程度占 11.0%；2016 年我国农业生产经营人员中，文盲占 6.4%，小学占 37.0%，初中占 48.4%，高中及以上文化程度占 8.3%。由此可见，2016 年与 2006 年相比，我国农业生产经营人员的受教育程度不仅没有提高，反而有所下滑。近 20 年来，我国农业生产经营人员年龄老化及低学历化的明显趋势，说明越来越多的优质劳动力离开农业进入二三产业。

而即使是留在农村从事农业生产经营的人员中，优质劳动力也越来越向规模农业经营户和农业经营单位集聚。2016 年第三次全国农业普查数据显示，规模农业经营户和农业经营单位农业生产经营人员中 36～54 岁的分别为 58.3%和 61.2%，而一般农业生产经营人员中 36～54 岁的占 47.3%；规模农业经营户和农业经营单位农业生产经营人员中 55 岁及以上的分别为 20.7%和 19.1%，而一般农业生产经营人员 55 岁及以上的占 33.6%；规模农业经营户和农业经营单位农业生产经营人员中高中及以上文化程度的分别为 10.4%和 27.6%，而一般农业生产经营人员中高中及以上文化程度的为 8.3%。

由上可见，今天“小农户”的耕地规模越来越小，劳动者年龄越来越老化，受教育程度越来越低，优质劳动力越来越向二三产业和规模农业经营户、农业经营单位转移，“小农户”中纯农业户或者以农业收入为主的户比例逐年降低。这些信息客观地反映了小农户的发展困境，反映了农村劳动力流动的理性选择，也反映了脱贫攻坚转移农村劳动力实现非农就业的成效。但在此趋势下，那些仍然以农业收入为主的纯农业户则趋于贫困化，其与贫困户或相对贫困户的交集也越来越普遍。

以上判断可以从较近年份的其他全国性权威统计数据中得到印证。第三次全国农业普查数据显示，东部地区从事非农行业的农户占 47.3%。而与之形成对比的是，《中国农村贫困监测报告 2017》显示，我国贫困地区高达 81.6%的女性劳动力和 60.3%的男性劳动力在从事第一产业；2014—2016 年农村居民在农业上的经营净收入增长连年递减，分别为 6.8%、4.6%、1.1%；贫困地区农村收入结构中，农业收入占 22.8%，高于全国平均水平的 19.7%。[12]农业收入增速最慢，从而出现越是依赖农业收入就越容易出现贫困，以及越是贫困地区的农户就越是依赖农业收入的现象。来自《中国扶贫开发年鉴 2018》的数据也证明了这一点：2017 年贫困地区农村居民收入中工资性收入占 34.2%、农业经营净收入占 22%，而全国农村居民收入中工资性收入为 40.9%、农业经营净收入占 18.8%。[13]当然，2006 年第二次全国农业普查的有关数据更为直接地表明了纯农户与贫困之间的关系。截至 2006 年，农村中从事纯农业的农户占全部农户的比重，省级贫困村为85.25%，省级以下贫困村为82.12%，而非贫困村为73.24%。纯农业户的占比和村庄成为需要帮扶的贫困村之间存在显著正相关关系。

以上情况表明，“小农户”中纯农业户的贫困化现象客观存在，未来实现常态化扶贫必须关注并帮扶“小农户”，尤其要重点帮扶其中的纯农业户。

帮扶小农户中的弱势者

中国的扶贫已经进入最后的攻坚阶段，这个阶段的贫困户、边缘户或者返贫户大多属于特殊的小农户，其家庭状况具有一定的共性。

第三次全国农业普查数据显示，2016 年农户的户均人口数是 3.71 人，户均劳动力是 1.51 人。假定其中一人能够外出打工，并以其每月工资纯收入 800 元算（此处采取明显低估数值），每年工资纯收入 9 600 元；除以户均人口 3.71 人，其人均年收入也已经超过人均纯收入 2 300 元的国家扶贫标准。显然，目前仍然属于贫困户的家庭，肯定是因为缺乏劳动力或者有劳动力但无法外出打工。

农村贫困家庭缺乏劳动力，大多是因为家庭成员身体残疾（包括智障）或者患病。而那些有劳动能力的家庭成员没有外出打工，有可能是因为文化程度或者技能的限制而无法实现非农就业，也可能是因为家中有病人需要长期照料而无法抽身。

民政部政策研究中心自 2008 年起开展大型调查项目“中国城乡困难家庭社会政策支持系统建设”，多位研究者使用这一调查数据分析城乡困难家庭的特征，一致印证了上述判断。

林闽钢等借助“中国城乡困难家庭社会政策支持系统建设”数据库中 2013 年的调查数据，指出家庭主要成员没有劳动力、家庭主要劳动力没有工作、家庭成员疾病负担重、家庭成员需要长期照料是农村家庭的主要致贫因素，这些因素都可以归结为缺乏劳动力。缺乏劳动力在“单因致贫”“双因致贫”“三因致贫”中都位居第一。在农村贫困家庭对社会服务的需求中，“劳动就业服务”位居第二，占 28.34%，其中西部地区农村贫困家庭对“劳动就业服务”的需求最高，占比为 37.99%，但社会对西部地区农村贫困家庭提供“劳动就业服务”（技术支持、免费培训、结对帮扶、扶贫资金等）的供给比例仅为 21.16%。⑭

江治强则对城乡困难家庭成员患病情况作了详细分析。2016 年城乡困难家庭成员患慢性病的比例高达 52.2%。而农村困难家庭中有 1 人患大病的占比为 21.67%，至少 1 人为残疾人的占比为 37.78%，至少 1 人患慢性病的占比为 40.66%，2 人患慢性病的占比为 17.76%，3 人患慢性病的占比为 2.07%，其中至少有 1 人需要长期照料的家庭占比为 34.34%，由家人或亲属照料的占 94.86%。[15]林闽钢等使用 2013 年的同样数据，显示由家人或亲属照料的比例为 68.28%，这可能反映了随着脱贫攻坚战的深入推进，未脱贫的家庭中重病者和重度残疾者的比例越来越高，需要家人或亲属给予长期照料的比例也越来越高。

农村贫困家庭成员患慢性病或重度残疾需要家庭成员长期照料，这属于“因病致贫”中最严重的情况。如果是因为支付危急重病高额医疗费而致贫的，其家庭困境期其实并不会太长。而家庭成员患慢性病或重度残疾需要长期照料，势必导致该家庭困境周期长，并大大削弱其脱贫能力。刘璐婵认为，无劳动能力、疾病、失业是贫困家庭的新“三座大山”，使大部分贫困家庭陷入了不可自拔的境地。这是因为，不仅疾病和长期照料限制家庭成员长期无法进入劳动力市场，而且长期脱离劳动力市场还会导致劳动者职业技能水平与市场需求脱节。在此，中东部与西部的情况有所不同。中东部地区农村贫困家庭面临的主要困境是家庭主要成员没有劳动能力；西部地区农村贫困家庭面临的主要困境是家庭主要劳动力没有工作，此种情况占 44.24%。[16]但西部地区农村贫困家庭成员需要长期照料的比例又低于东中部地区，可见其无法就业的原因不是脱不了身，而可能是缺乏就业机会或缺乏技能。

如上所述，在现有农村贫困家庭中，一方面是家庭主要成员没有劳动能力，另一方面是家庭主要劳动力没有工作。前者好理解，因为患病或者残疾。后者稍复杂一些，但有一点是肯定的，即所谓没有工作，是指没有在农业之外的二三产业就业，其原因有可能是需要长期在家照料病患者，也有可能是没有就业的技能，更有可能是参加了作为帮扶措施的免费技能培训之后仍无法外出就业。

我们知道，小农户的重要特点是生产规模小、农业商品化程度低。换句话说，它是劳动密集型而非资本密集型的农业生产，这也是黄宗智先生在分析华北、江南的“小家庭农场”时提出的“过密化”“内卷化”的问题。但“内卷”或“过密”的前提是人口压力大，小农户去“内卷化”的办法是通过外出打工、“半工半耕”，或者通过资本投入形成资本密集型的高附加值的农副产品生产，从而实现隐性农业革命。但是，一般小农户的这种生存与发展逻辑都不会在小农户中的弱势者那里体现出来，因为这些家庭既无资本，又缺乏劳动力，劳动密集型或资本密集型的农业生产皆与他们无缘。所以，脱贫攻坚任务结束后的常态化扶贫需要重点关注小农户中的弱势者，为其发展提供助力。

帮扶弱势小农户的长效机制

脱贫攻坚任务完成后，农村工作重点必将转向常态化扶贫，转向脱贫攻坚与乡村振兴的有机衔接。纯农户等弱势小农户的能力非常有限，其小规模农业生产欲达到长久脱贫之效，需要政府针对他们的共性，统筹资源，形成长效扶助机制。

我国理论界长期存在对“小农”的污名化现象，这直接导致“三农”部门在制定和实施农业政策时出现“去小农”倾向。这种倾向可以归结为“扶大不扶小，扶强不扶弱”。[17] 2001年11月中央经济工作会议做出“扶持产业化就是扶持农业，扶持龙头企业就是扶持农民”的论断，极大地推动了各级政府大力扶持农业产业化龙头企业的热潮。纵观2004年以来的中央一号文件，基本上都在强调扶持农业龙头企业、种养专业大户、家庭农场、农民专业合作社等新型农业经营主体。不过，其间经历了一些变化，即前期阶段重在突出农业龙头企业，后来各类新型农业经营主体并提，并在排序上将农业龙头企业置后。但无论如何，这样的政策导向让在数量上占农业经营主体98%以上、从业人员占农业从业人员90%、经营耕地面积占总耕地面积70%的广大小农户，在改革开放以来的近40年的时间里，不容易从我国农业政策中直接受惠。直到党的十九大报告提出“实现小农户和现代农业发展有机衔接”之后，2019年和2020年的中央一号文件终于对政策表述作了调整，在提及新型农业经营主体时只强调家庭农场和农民合作社，如“突出抓好家庭农场和农民合作社两类新型农业经营主体”(2019)，“重点培育家庭农场、农民合作社等新型农业经营主体”(2020)，并且第一次在中央一号文件中提及“落实扶持小农户和现代农业发展有机衔接的政策”“为一家一户提供全程社会化服务”（2019），“将小农户融入农业产业链”（2020）。将小农户纳入惠农政策的受惠对象，集中体现于 2019 年 2 月 21 日中共中央办公厅、国务院办公厅印发实施《关于促进小农户和现代农业发展有机衔接的意见》，其明确提出“坚持农业生产经营规模宜大则大、宜小则小，充分发挥小农户在乡村振兴中的作用，按照服务小农户、提高小农户、富裕小农户的要求，加快构建扶持小农户发展的政策体系，加强农业社会化服务，提高小农户生产经营能力，提升小农户组织化程度，改善小农户生产设施条件，拓宽小农户增收空间，维护小农户合法权益，促进传统小农户向现代小农户转变，让小农户共享改革发展成果，实现小农户与现代农业发展有机衔接，加快推进农业农村现代化”。

现有农村贫困户在脱贫攻坚政策的大力扶持之下，于 2020 年脱贫固然不成问题，但由于纯农户等弱势小农户的情况特殊，其返贫的可能性仍然很大。这就需要我们在建构和落实扶持小农户发展的政策体系时，将弱势小农户作为一个特殊类型，制定更有针对性的扶持政策，这样才能将 2020 年之后的常态化扶贫与实施乡村振兴战略有机结合起来。

如上所述，小农户中的纯农户趋向贫困化，其与贫困户或未来的相对贫困户的交集现象凸显。农户当然并不是因为“纯务农”而导致贫困，而是因为缺乏全劳动力或者家庭劳动力需要照料病患而无法外出打工，只好选择在家务农。我们知道，农业的季节性生产特点，虽然无法让农民实现充分就业，但可以实现弹性就业，可以容纳半劳动力，可以容纳农民起早贪黑式的零碎劳动时间，可以容纳小量、频繁和多样的手工劳作。因此，现在的贫困户或未来的相对贫困户选择农业完全是无奈之举。目前的贫困户即使在2020年脱贫之后，由于其家庭困境周期长，依然只能以小农户的方式在农业领域就业。如何用足用好国家在新时期制定的扶持小农户的政策，应该成为我们在2020年之后即所谓“后扶贫时代”里解决贫困户脱贫后的返贫、处于贫困边缘的边缘户发生贫困以及相对贫困问题的最重要措施。为此，我们有必要探讨此前的扶贫经验在“后扶贫时代”的适用性问题。

第一，“一户一策”的问题。在此前的扶贫实践中，“责任到人、规划到户”的“双到扶贫”，以及由此发展出的“一户一策”的精准扶贫，不失为快速提高贫困户收入的有效经验。但“一户一策”的扶贫方式也可能形成零散化的格局，妨碍贫困户之间的协作。在农业生产环节上，小农户固然是以家庭作为生产组织和管理单位，但因为作为贫困户的小农户基本上都缺乏劳动力，难以开展劳动密集型的农业生产，所以他们之间的劳动力合作变得非常有必要。而在农业产业链的其他环节，更是需要一定程度的合作，这样方可保证小农户分享到农业产业链上产生的附加值（见后续论述）。

我们知道，资本主义农业选择的是规模化单一种植模式，是以规模经济效益取胜。而小农户的生产显然不会产生规模经济效益，但可以实现黄宗智先生所谓的“范围经济效益”，即“由单个生产单位结合两种以上的相辅产品”实现的经济效益，如种养结合的秸秆养殖，如用农家余羹剩饭养猪，再用猪粪肥田等。黄宗智先生还进一步提出“不同层面的不同最佳规模”（differential optimums of different levels）概念，如在耕种层面可以是小家庭农场，在食品加工尤其是销售层面则需要一定的规模，因为中国的消费者越来越需要一个广为人知的成规模的品牌，所以“范围经济效益”也就是“纵向一体化”的效益。[18]

此前乃至现在依然流行的由农业龙头企业主导的“公司＋农户”模式也是以“不同层面的不同最佳规模”实现了“纵向一体化”的效益。但公司与农户之间严重的不平等关系，导致农户的利益经常受到损害。同时，农业龙头企业垄断了农业产业链的各个环节，小农户成为类似工厂流水线上“打工”的“打农”者，基本失去农业生产的自主性，不仅没有得以“赋能”，反而遭遇被“去能”。[19]因此，近年对惠农政策加以调整，即不再推崇“公司＋农户”模式，而是让小农户充分发挥其在乡村振兴中的主体性，推动小农户之间的合作，实现小农户可以分享到的“纵向一体化”效益。党的十九大报告提出“小农户和现代农业发展有机衔接”，这在2020年的中央一号文件里得到进一步的落实，即“重点培育家庭农场、农民合作社等新型农业经营主体，培育农业产业化联合体，通过订单农业、入股分红、托管服务等方式，将小农户融入农业产业链”。可以说，原先流行的“公司＋农户”模式是无法实现“小农户和现代农业发展有机衔接”的。

因此，我们在完成脱贫攻坚任务之后，需要将“一户一策”的精准扶贫方式调整为推动小农户之间的合作，并视之为常态化扶贫和实施乡村振兴战略的重要举措。

第二，技术培训的问题。在此前的扶贫实践中，有鉴于贫困地区劳动力文化程度低、缺乏劳动技能，无法外出打工实现非农就业，我们在扶贫实践中非常注重技能培训。但由于贫困人群的文化程度低、健康状况比较差，即使免费并经过了广泛动员，能够接受技能培训的比例依然不高，培训效果也有限。2016 年，贫困地区农村常住劳动力中 27.4％接受过技能培训，其中，21.6％的劳动力接受过农业技术培训，13.6％的劳动力接受过非农技能培训。虽然无法了解技能培训的具体内容，但从其外出就业的情况可见一斑。如 2016 年贫困地区农村劳动力外出就业中，从事建筑业的人最多，占 35.3％。[20]我们知道，建筑工地上的农民工往往都是干苦力的，基本上不太需要特殊技能。可以说，贫困地区劳动力外出务工首选建筑业的情况在一定程度上表明了以上技能培训的效果欠佳。

在扶贫工作中，我们似乎已经习惯于不把农民从事农业视为正当的就业（当然，农民也不存在失业的问题），因此，当说“贫困家庭主要劳动力没有工作”时，是指其主要劳动力无法实现非农就业，相应地，扶贫工作中的技能培训也主要是针对非农就业的技能培训。如果我们正视贫困小农户的处境，就应该认识到，在解决其家庭主要劳动力和作为辅助劳动力的部分轻度慢性病患者、轻度残疾者在地在家就业问题上，最为可行的途径莫过于对其在自家承包地上从事小规模农业生产提供帮助。这样的话，对贫困户脱贫后的技能培训，就应该致力于农业技术的培训，其培训内容应该主要围绕小农户如何开展符合生态原则或绿色产品标准的生产，而非围绕如何进入现代化规模化农业企业打工。

第三，关于土地流转问题。在“扶大不扶小，扶强不扶弱”的政策导向之下，一些地方及基层政府好大喜功，把规模化单一种植视为中国农业发展的唯一选择，从而制定各种奖励措施，为龙头企业扫清土地流转过程中的各种障碍，强势推动小农户的承包地流向农业龙头企业。我们知道，对有可能外出打工的小农户来说，土地流转后可以以打工收入作为家庭主要收入来源，承包地有可能被视为“鸡肋”，土地流转租金聊胜于无。但对今天小农户中的纯农户或贫困户来说，在有限承包地上的种植可以方便随时随地吸纳家庭中无法外出打工的劳动力和半劳动力，这些无法进入劳动力市场的特殊劳动力可以灵活实现自雇劳动或者“自我剥削”，其产生的价值，可以养家糊口，也可能在政府帮助其加入现代农业产业链之后进一步带来效益，绝非低廉的土地流转租金可比。

2019年2月21日中共中央办公厅、国务院办公厅印发实施的《关于促进小农户和现代农业发展有机衔接的意见》指出："当前和今后很长一个时期，小农户家庭经营将是我国农业的主要经营方式。因此，必须正确处理好发展适度规模经营和扶持小农户的关系。既要把准发展适度规模经营是农业现代化必由之路的前进方向，发挥其在现代农业建设中的引领作用，也要认清小农户家庭经营很长一段时间内是我国农业基本经营形态的国情农情。"中央文件在此特别强调处理好发展适度规模经营和扶持小农户的关系问题。因为资本密集型的规模化农业对小农户具有明显的排斥效应，所以离开土地的农民可能是剩余劳动力的溢出，也可能是作为弱势群体被挤出。[21]如果农业龙头企业的土地流转规模不受到控制，就可能导致小农户中的纯农户或贫困户失去土地经营权，也可能导致一些返乡的农业创业者无地可耕的现象出现。[22]不言而喻，"适度规模"意味着并非规模越大越好，也意味着并没有一个统一的标准。要掌握好"适度"，必须具有很强的政策水平，只能根据各地人地关系、城市化水平、农业生产条件的具体情况加以综合衡量。在土地流转、发展规模化农业的过程中，只有掌握好"适度"，才能处理好与小农户的关系。习近平总书记2016年4月25日在全国农村改革座谈会上指出："放活土地经营权，推动土地经营权有序流转，政策性很强，要把握好流转、集中、规模经营的度，要与城镇化进程和农村劳动力转移规模相适应，与农业科技进步和生产手段改进程度相适应，与农业社会化服务水平提高相适应。”“新形势下深化农村改革，主线仍然是处理好农民和土地的关系。最大的政策，就是必须坚持和完善农村基本经营制度，坚持农村土地集体所有，坚持家庭经营基础性地位，坚持稳定土地承包关系。”

在 2020 年脱贫攻坚任务完成之后，纯农户等弱势小农户的返贫及其可持续发展问题，绝对不是靠将其承包地流转出去收取租金就可以解决的。在土地流转问题上，我们应该更加谨慎地把握土地流转的度，切不可依靠行政力量一味追求土地流转的规模。

第四，“再小农化”问题。“大国小农”是我国的国情农情。在“后扶贫时代”，小农户还应该在乡村振兴中充当主体。那么，小农户该往何处去？荷兰农政学家范德普勒格提出“再小农化”（repeasantization）概念，他希望增强小农的能动性和自主性，“建立和巩固一个自我控制和自我管理的资源库，这使得人与自然的协同生产成为可能，这种协同生产方式与市场相互作用，从而保证了小农的生存和未来的希望”。“再小农化”强调小农要摆脱对资本的依附，就得认识到诸如土地、动物、植物、水、土壤生物和生态循环应该是自己可以控制和管理的资源库（resource base），“这种资源库又通过劳动、劳动投入（基础建筑、灌溉工程、排水系统、梯田等，即物化的人类劳动）、知识、网络、市场准入等得到补充”[23]。在小农户因为弱势而失去自主性的情况下，“再小农化”其实是需要国家在各个环节推动支持的，诚如黄宗智先生所言：“思考中国的农业问题，必须认识到小规模农业将长期延续的现实，而小规模农业的现实则突出了国家扮演关键角色的必要。”[24]在乡村振兴的背景下，为了使国家扶持小农户的定位更为清晰，需要构建扶持小农户发展的政策体系，将对小农户的社会化（实为市场化）服务调整为公益化服务。

《关于促进小农户和现代农业发展有机衔接的意见》是国家全面扶持小农户的纲领性文件，其中特别提到“促进传统小农户向现代小农户转变”“实现小农户与现代农业发展有机衔接”，这也可以视为“再小农化”。

从“再小农化”角度看，“现代小农户”首先应该指其可以按照生态文明的原则自主控制管理“资源库”，从事生态农业生产。改革开放以来，我国农用化肥施用量从 1979 年的 1 086.3 万吨剧增到 1999 年的 4 142.3 万吨。[25]小农户的农业生产过度依赖化肥，偏离科学种田，同时也造成了不可忽视的农业污染。第三次全国农业普查数据显示，截至 2016 年，高达 89％的普通农户未受过农业专业技术培训；在水源比较丰沛的东部和中部地区，却分别有 36.9％和 35.7％的农户和农业生产单位使用地下水进行农田灌溉，由此可见地面农田水利设施荒废之程度。因此，国家应该在农业生态环境（如土壤、河流污染治理等）改善、让小农户受益的农业基础设施（如水利灌溉系统、田间道路、高标准农田等）建设、生态农业技术（如测土配方、良种培育、病虫害防治、生态耕作法培训等）公益化服务方面下功夫。

“现代小农户”还必须是组织起来的小农户，只有组织起来了，才能与现代农业发展进行有机衔接。早在新中国成立前夕，毛泽东同志就在中国共产党第七届中央委员会第二次全体会议上的报告中指出：“在今天，在今后一个相当长的时期内，我们的农业和手工业，就其基本形态说来，还是和还将是分散的和个体的，即是说，同古代近似的。谁要是忽视和轻视了这一点，谁就要犯‘左’倾机会主义的错误。”但是，“分散的个体的农业经济和手工业经济，是可能和必须谨慎地、逐步地而又积极地引导它们向着现代化和集体化的方向发展的，任其自流的观点是错误。必须组织生产的、消费的和信用的合作社”[26]。在新中国成立后的合作化运动中，毛泽东同志也清醒地看到那些由穷农户组成的合作社是非常需要得到党和国家给予实实在在的组织支持和物质支持的，绝非单靠精神胜利法就可取胜。他在给河南省安阳县南崔庄福利农业生产合作社的成功经验报道《谁说鸡毛不能上天》写按语时指出：“又其次，在物质力量例如贷款方面，如果都得不到党和国家的支持，合作社就会发生很大的困难。”[27]但在经历了人民公社解体和实行家庭联产承包责任制的中国农村，广大小农户已经善分不善合，家庭联产承包责任制中规定的统分结合的农业基本经营制度近乎名存实亡。第三次全国农业普查数据显示，截至 2016 年，全国普通农户参加新型农业经营组织或形式的比重还很低，如参加农民合作社的仅占 4.4%，参加专业协会的仅占 0.3%。小农户组织化程度低的原因在于无人愿意付出组织成本，所以关键是必须将再组织化视为政府在脱贫攻坚以及乡村振兴中首要的公共产品供给，由政府支付组织成本（如山东省烟台栖霞市由党支部领建农民合作社），把小农户组织起来，成立农民合作社和农业产业化联合体，保证生态农产品生产、加工、销售的规模化，公益化的产地分拣包装、冷藏保鲜、仓储运输、初加工设备以及物流服务网络和村级电商服务站点建设，公益化的农产品品牌注册、绿色和有机产品认证，建立起小农户可以自主掌握、自由融入的农业产业链，这样小农户才能获得农产品在产业链延长之后的大部分增值，真正实现以小农户为主体的一二三产业在地融合发展。

经由国家推动的“再小农化”可以有力地将小农户中的纯农户、边缘户、返贫户组织起来，帮助弱势小农户解决其在发展生态农业过程中面临的一系列困难，实现小农户与现代农业发展的有机衔接，这既是以常态化扶贫手段解决相对贫困问题，又是对实施乡村振兴战略的具体落实。而且唯有如此，乡村振兴战略提出的“产业兴旺，生态宜居，乡风文明，治理有效，生活富裕”这五大方面才能获得连带与整体的达成，小农户在乡村振兴中的主体作用也方可得以充分发挥。

注释

①吴重庆，张慧鹏．以农民组织化重建乡村主体性．中国农业大学学报（社会科学版），2018（3）.

②叶敬忠，张明皓．“小农户”与“小农”之辨：基于“小农户”的生产力振兴和“小农”的生产关系振兴．南京农业大学学报（社会科学版），2019（1）.

③郎秀云．关于小农户若干观点的辨析．马克思主义与现实，2019（5）.

④恰亚诺夫．农民经济组织．萧正洪，译．北京：中央编译出版社，1996：187.

⑤伯恩斯坦．农政变迁的阶级动力．汪淳玉，译．北京：社会科学文献出版社，2011：140－141.

⑥黄宗智．中国农业的隐性革命．北京：法律出版社，2010：66.

⑦黄宗智．制度化了的“半工半耕”过密型农业（上）．读书，2006（2）；黄宗智．制度化了的“半工半耕”过密型农业（下）．读书，2006（3）.

⑧同⑥145.

⑨中华人民共和国农业部．关于促进家庭农场发展的指导意见．(2014－03－11). http：//www.moa.gov.cn/gk/zcfg/nybgz/201403/t20140311_3809883.htm.

⑩吴重庆．小农与扶贫问题．天府新论，2016（4）．

⑪屈冬玉．以信息化加快推进小农现代化．人民日报，2017-06-05．

⑫国家统计局住户调查办公室．中国农村贫困监测报告2017．北京：中国统计出版社，2017：47，26，39．

⑬《中国扶贫开发年鉴》编辑部．中国扶贫开发年鉴2018．北京：中国农业出版社，2019：757-758．

⑭林闽钢，梁誉，刘璐婵．中国贫困家庭类型、需求和服务支持研究：基于"中国城乡困难家庭社会政策支持系统建设"项目的调查．天津行政学院学报．2014（3）．

⑮江治强．城乡困难家庭的医疗负担及其救助政策完善：基于"中国城乡困难家庭社会政策支持系统建设"项目调查数据的分析．中国民政，2018（2）．

⑯刘璐婵．中国贫困家庭的困境差异性分析：基于"中国城乡困难家庭社会政策支持系统建设项目"的分析．甘肃理论学刊，2015（2）．

⑰吴重庆，张慧鹏．小农与乡村振兴：现代农业产业分工体系中小农户的结构性困境与出路．南京农业大学学报（社会科学版），2019（1）．

⑱同⑥145-147．

⑲吴重庆．内发型发展与开发扶贫问题．天府新论，2016（6）．

⑳国家统计局住户调查办公室．中国农村贫困监测报告2017．北京：中国统计出版社，2017：46-47．

㉑同⑩．

㉒陈航英．新型农业主体的兴起与"小农经济"处境的再思考．开放时代，2015（5）．

㉓范德普勒格．新小农阶级：帝国和全球化时代为了自主性和可持续性的斗争．潘璐，叶敬忠，译．北京：社会科学文献出版社，2013：27，17.

㉔同⑥82.

㉕国家统计局农村社会经济调查总队．新中国五十年农业统计资料．北京：中国统计出版社，2000：27.

㉖毛泽东．毛泽东选集：第4卷.2版．北京：人民出版社，1991：1430-1432.

㉗中共中央办公厅．中国农村的社会主义高潮（选本）．北京：人民出版社，1956：116.

（原刊《马克思主义与现实》2020年第3期）

第五章　中国乡村空心化的反向运动：来自“界外”的案例

孙村所在的福建莆田沿海地区史称“界外”。“界外”之名来自清初莆田的“迁界”政策。郑成功于 1647 年（清顺治四年）海上起兵抗清；至 1661 年，郑成功部控制了莆田沿海的南日、湄洲诸岛。清政府为剿灭郑部，于 1662 年下“截界”令，沿海核定新界线并筑界墙，每隔五里即筑一石寨，将沿海居民迁至“界内”，在“界外”实行坚壁清野政策。直至 1680 年，莆田沿海诸岛方为清军收复。康熙二十二年（1683 年），台湾纳入清朝版图，莆田沿海复界。①

虽然“界墙”之存不过 21 年，但“界外”（有时也被称为“界外底”）之名却一直沿用至今，并演变为一种根深蒂固的地方性歧视。在莆田城里及平原地区的居民看来，“界外”意味着边缘、落后、贫穷、愚昧、粗鲁。不过，近几十年来，“界外”也渐渐在去“污名化”。“你们‘界外’人能闯，有钱”，这是莆田城区居民对“界外”作出的史无前例的正面评价。从城里人口里说出的对“界外”的这一貌似不经意的逆转性评价的背后，是“界外”人手胼足胝的“突围”与“翻身”。

边缘地带的社会网络

城里人对“界外”的评价，其实部分符合事实。孙村所在的“界外”，不仅是地理意义上的边缘，也是经济、文化及社会意义上的边缘。“界外”实属传统所谓的“化外之区”。

姚中秋先生有“钱塘江以南中国”之说，“西晋灭亡，居住于洛阳及其附近上层士族南迁，其组织严密，人数众多，不愿与吴中豪杰争锋，于是选择渡过钱塘江，分布于会稽一带，建立起强有力社会组织。后来南迁者无法渗入，只好继续南迁。钱塘江成为中国文化的一条重要分界线”，“每一次战乱，都推动相当一部分儒家化程度较高的人群向南迁徙”，以致“钱塘江以南中国”（宁波以南之沿海地区、皖南、江西等）后来居上，在儒家文化保存并且发挥治理作用的程度上，反超江南及中原地区。[②] 他以历史上因战乱而豪族南迁解释今天钱塘江以南中国农村何以宗族文化及民间社会网络较为发达的现象，这是从“豪族”看“社会”的构成，算是精英主义的视角。

其实，在中国东南沿海的许多偏僻村落里，自然资源的禀赋稀薄，不足以支持大家族的扎根、开枝和繁衍，但其民间社会网络照样发达。这就引出如何以底层视角看社会构成的问题，具体说就是社会如何在底层人民日常的经济活动中得以构成。[③]这也是施坚雅的视角，他说“基本市场”（standard marketing area）乃是中国农村最为重要的交往空间，其自成一个具有“地方性”色彩的社会文化体系。[④]

今天的研究者多少带有将帝制时期的中国农村视为一个封闭的自给自足的社会单位的倾向，想当然地认为一个自然村的地理边界大体就是它的社会边界。其实，在东南沿海地区农村，其乡土社会网络的开放度超乎常人之想象。而其形成开放性社会网络的关节点，是源远流长的发达的流动型兼业传统。

农民兼业可以分为两种：一种是常见的在地型兼业，即自给自足的“男耕女织”。如黄宗智先生指出，这种类型在中国传统农业小农经济体系中占有相当的比重，占人口绝大多数的农户不需参加市场交换，形成了耕织结合的家庭生产方式，并因此形塑我国农业社会的基本特征。[⑤]另一种就是流动型兼业。在地型兼业是由家庭辅助劳动力承担副业。流动型兼业则是由家庭主劳动力承担副业，即男主外当流动货郎或游走四方的工匠，聊称之为“男商（匠）女耕”。此种兼业多出现于人多地少的沿海地区，其农业产出不足以糊口，逼迫男人常年或者在农闲时节纷纷外出谋生。

选择“男商女耕”作为流动型兼业内容的家庭，因为无日常盈余及资本积累可言，所以只能加入低门槛的流动货郎行列，而且必须想方设法最大限度地减少经营资本的投入。

孙村位于福建省最大的海水晒盐场莆田盐场附近，民国时期此盐场为地方军阀（俗称“北军”）把持专营，但还是有盐工将盐偷运出来低价转卖，此谓“私盐”。孙村货郎往往在离家出行时购上一两百斤“私盐”，肩挑至二三十公里外的平原稻作区（俗称“洋面”），沿途贩卖。售卖告罄，殆日暮行至莆田县城（俗称“城里”），他们在“城里”简陋客栈歇脚一宿，次日一早上街购买一些洋日用品及平原地区物产，如火柴、发夹、纸烟、茶叶、橄榄、柚柑、菱角之类，之后出县城穿平原奔沿海，在“界外”的广大乡间兜售。货郎在往还城乡的过程中，事实上从事着跨区域的物产交易。他们且行且止，在每一趟的往返中，细心收集不同区域的消费者在不同时节的不同需求信息。货郎大体都有各自的行走线路、店家、熟客、歇脚点，流动货郎成为城乡之间、区域之间、村落之间的信息传递者及社会关系网络的缔结者。

另一种流动型兼业模式就是“男匠女耕”。“界外”人往往认为男孩拜师学手工艺的年龄越小越好，说是年少手巧，其实是想着在其还没有成为农业足劳动力之前外出学艺，家里可以少一张嘴吃饭。在强制性的义务教育实施之前，孙村的男孩往往在十二三岁就会被父母安排去“学一门手艺”。这些手艺都是服务于日用民生的，除了少数需要动用较笨重工具的手艺，如裁缝（俗称“车衣裳”）、铁匠（俗称“打铁”）、染布（俗称“移乌移蓝”）等是设店营业的，其他如木工、泥瓦匠（俗称

“土水”）、石匠（俗称“打石”）、绘工、雕工、漆工等是流动接活的，而竹匠（俗称“补篾嫁笠”）、炊具匠（俗称“卷炊”）、锅匠（俗称“补鼎”）、剃头匠、阉猪匠等则是沿途吆喝的。

货郎的经营内容及特点决定了其活动范围部分是单线的（“城里”到“界外”的距离），部分是小半径范围的（卖盐的平原地区及卖洋货的“界外”）。就活动半径而言，流动工匠的活动范围可能还大于货郎。所以，在跨村庄社会关系结成的广度上，工匠丝毫不亚于货郎；而在这种社会关系的稳固程度上，货郎无法与工匠的师徒关系、同门关系、雇主关系相比。因此，孙村人把拜师学艺靠手艺活外出谋生的匠人称为“出社会”，指其真正走进了孙村之外的社会关系网络。

在改革开放之前的人民公社化时期，货郎和工匠的活动都是可以被当作“资本主义尾巴”而加以割除的。因为孙村所在的“界外”人多地少，如果没有这种流动型的兼业模式，农民的确无法维持生计，加上有限的农业也无法吸纳过多的劳动力，所以生产队干部基本上是睁一只眼闭一只眼地让货郎和工匠继续从事当时被称为“副业”的这种流动型兼业，只是他们需要向生产队缴纳一笔“副业金”，以换取口粮。

从边缘到中心：“打金”业相关生产要素的在地集结

早在改革开放之前的 20 世纪 70 年代初期，手艺门类众多、能工巧匠辈出的“界外”出现了一门被称为“打金”的新手艺活，人们沿用传统的“打铁”“打石”之说，将黄金首饰加工称为“打金”。最早从事“打金”的人是住在与孙村相距不过3公里的埕头村的叶先锋。叶先锋自创“打金”手艺，他以游走经营的方式，专为女儿将嫁的家庭打制金耳环、金戒指（当时未有金项链）。叶先锋虽然平日乐善好施，但拒绝收徒，以免“打金”手艺外传。无奈“打金”为新兴手艺，获利颇丰，惹得村人尾随偷师，该手艺终于流传开来。此时恰逢改革开放，农民可以自由流动，加上城乡人民生活水平提高后对黄金首饰的消费需求复苏，“打金”行情看涨。

初期的“打金”全赖匠人纯手工打制，并不需要假以模具铸造。但这样不仅加工速度慢，而且技术难度高。这次是孙村的几个年轻铁匠和石匠捕捉到了商机，他们以家庭作坊手工打造出加工黄金首饰的铁模具（俗称“铁模”）。“铁模”的款式设计者与模具加工者是合二为一的，“铁模”匠往往不需要任何平面设计稿，单凭巧运匠思，就可以在方铁上使用金刚钻直接雕刻成款。

由于不再需要手工打制，“打金”的技术门槛突然降低了，这让家长及年轻人觉得“打金”已是一门最易习得的手艺，加上有利可图，“打金”者陡增。又因为“铁模”发明于孙村，加上孙村恰好位于“界外”的埭头、北高、东峤三个乡镇的交界处，所以20世纪80年代初以孙村为中心的“打金”业在以上三个乡镇迅猛发展。

“铁模”的发明对“打金”业来说具有革命性的意义，它促进了“打金”这一新兴手艺的行业细分，催生了黄金首饰款式设计者、模具加工者、模具推销者、“打金”匠，同时也使“打金”从作为少数人在区域内流动兼业谋生手段的手工艺发展成为带动具有流动兼业传统的“界外人”在全国范围内发财致富的支柱产业。

孙村出品的“铁模”款式多样新颖，这鼓励原在本地乡间游走“打金”的匠人跨出“界外”，背上一批孙村的“铁模”，远赴当时富甲一方的邻省广东，在潮汕及珠三角开设“打金”店。“打金”匠一旦在异地设店经营，则不便随时离店，因此，一支往返于福建、广东之间的专业的“铁模”推销队伍应运而生，他们从莆田坐汽车到达广东后，靠双脚沿街兜售“铁模”，俗称“走街”。

2010年春节，我在孙村访问了第一批“铁模”推销者国恩、国泰兄弟，国恩说：

> 当时铁模相当重，每次用军用帆布包，最多装三四十个，挎在肩上，那就有四五十斤重了，一趟不敢装太多。一般从莆田坐汽车到潮州，落车后就沿途找“打金”店推销。反正是“走街”，且走且坐且吃茶且讲新闻，什么款销路好、什么款销路次，当地又有什么别途的新款，反正都是走走坐坐吃吃茶、讲讲新闻得来的消息。

“铁模”推销者与“铁模”生产者之间都是非亲即故的乡里，生产者允许推销者先销售后付款，推销者返回孙村后也乐于将沿途所得的来自最前线的款式需求和最新颖的款式信息及时反馈给生产者。因为“铁模”本身就有笨重、成本高、款式更新慢的缺点，加上受到来自广大推销者的反馈信息的刺激，于是“铁模”加工者下决心改变模具的材料，转向石膏模具（俗称“石膏模”）的批量生产。他们为了解决资金缺口问题而联合起来，从福州引进了一条石膏模的生产线，依然在广大“铁模”推销者已经熟门熟路的孙村附近设厂，先后兴办了“亚太”“金得利”“金达美”三个黄金首饰石膏模厂。

石膏模生产具有量大、款式繁多、产品更新换代快、体积小、重量轻、价格低廉等优点。因此，新品甫出，即大受模具推销者及各地“打金”店的青睐，一时间来自埭头、北高、东峤三个乡镇的模具推销者蜂拥而至，石膏模很快行销各地。据孙村业内人士估计，三个乡镇从事石膏模具推销者最多时高达两三万之众，他们足迹遍布全国。在当时尚未出现物流公司的情况下，与孙村相距两三公里的上塘村多家个体客运（实为客货混运）应运而生，先后开辟每天通往广州、深圳、苏州、上海、昆明、重庆等地的班车，成千上万的石膏模推销者从孙村出发，直达各大中心城市，再辐射到二三线城市及县城。

“界外”人数众多的石膏模推销大军与 20 世纪 80 年代形

成的“温州模式”中的推销员的职能类似，也是身兼数职，扮演了“信息采集者、产品推销员、市场构筑人、生产组织者、转型导向者”的角色[⑥]，他们给石膏模具厂家带回大量的产品信息反馈，设计者及时推陈出新，孙村一跃成为著名的石膏模具生产中心。同时，孙村人巧妙善用这个不需要任何组织成本而又在国内无远弗届的推销网络，竞相通过熟人关系网络委托这支推销大军在返乡时顺便带回全国各地与金银首饰有关的任何款式样品及生产工具样品，自此孙村出现了一些专门生产“打金”成套工具，如汽油炉、喷火枪、锤子、镊子、天秤、首饰盒等的小工厂；同时，各地各式各样的银（首）饰品也被带回来，有人转而开发银饰品，银饰业最终也成行成市，出现一批银饰品展销店，孙村出外“打金”的人也习惯顺便带一些银饰品出去，摆在他们开在全国各地的“打金”店里零售。

石膏模的出现，其革命性效应丝毫不亚于当初的“铁模”。如果说“铁模”刺激了更多人加入“打金”的行列，催生了模具推销者，那么，石膏模的出现不仅进一步扩大了这两种从业人员的队伍，还推动了与“打金”行业相关的其他生产要素的在地集结，如全部是个体经营的客运与物流、“打金”工具生产、银饰品批发、与首饰业相关的各类信息的汇总以及黄金地下收购点。依托于由在地人员构成的庞大推销大军的不断往返以及新开辟的直接通往国内各大城市的大巴的日夜穿梭，孙村成为国内规模最大的，也是最核心的与“打金”业相关的各种生产因素的集结地与流转地。

黄宗智先生说：“在英国和西欧的‘早期工业化’过程中，手工业与农业逐渐分离。前者逐渐成为独立的工场生产，亦即由个体化的工人集合在一起共同生产，主要在城镇进行。”“但在中国，手工业则一直非常顽强地与家庭农业结合在一起，密不可分，直到 20 世纪中叶仍然如此。”[⑦]孙村“打金”业的在地兴起，意味着手工业与农业的分离，其分离过程的特殊之处在于，既不是像当年西欧那样移到城镇去开设工场，也不像 20 世纪 80 年代的中国那样表现为乡镇企业模式。借用今天流行的“总部经济”概念，孙村类似“打金”业的总部，成千上万遍布于全国都会城镇的“打金”店、“打金”工具及模具批发店，不过是总部经济的延伸与辐射。孙村从“界外”突入中心，这是经济史上罕有的“中心—边缘”格局的翻转，乡村是中心，城市反而成了边缘。而其奥妙在于，孙村人以其特殊的经济—社会网络，将“打金”业的所有产业链条、生产环节都掌握在自己手里，他们以非正规经济的灵活与低成本优势，不给任何大资本、大企业在竞争中获胜的机会。

制胜端在“同乡同业”

20 世纪 80 年代末，与“打金”业相关的各种生产要素在以孙村为中心的“界外”基本集结完毕。对当时“界外”的年轻人来说，“打金”成了非农就业中准入门槛最低的一个行业，不仅技术门槛低、信息易得、网络易入，而且资金门槛也低。踏入“打金”行业的年轻人一般是拜有血缘关系的亲戚、姻亲兄弟及父辈结交的朋友为师。在此特殊人际关系背景下，师傅并不把徒弟视为雇工，师徒关系并非常见的雇佣关系。师傅不仅在最短的时间内教给徒弟关键的技术，还得帮徒弟寻找合适的店面，无偿借给生产工具及少量资金，助其快速另立门户。在各个微型的非亲即故的亲缘关系圈中，共同致富成为共识。如果有人只顾自己发财而不扶持徒弟，其日后也将得不到亲缘关系圈中其他人的帮助。此种情形不同于有学者在研究湖南新化人数码快印店覆盖全国现象时得出的“亲缘和地缘关系从未也不可能代替雇佣关系”的结论。⑧

当其时也，孙村的“打金”业得“天时地利人和”之便而呈几何级扩张之势。“天时”即“界外”人在全国首创“打金”业，“地利”即与“打金”业相关的各种生产要素在孙村集结，“人和”即依托共同致富的亲缘网络。从 80 年代末到 90 年代不到十年时间里，以孙村为中心的“界外”人便把近万家“打金”店开到了全国各大小城市、县城、乡镇。在任何地方、任何角落，只要看到挂着“打金”招牌的小店面，不用问，其店主基本是来自孙村一带的“界外”人。

这些从地理边缘、社会边缘、经济边缘甚至文化边缘杀出来的“界外”人，既无雄厚资本，亦非依靠现代连锁经营理念，为什么可以在“打金”这一新兴的行业攻城略地？为什么其他区域的人难以与其开展同业竞争？在此，需要讨论孙村“打金”业特殊的经济—社会网络，即“同乡同业”问题。

有学者在研究马来西亚芙蓉坡莆田裔华人的“同乡同业”传统时对“同乡同业”作了界定：“所谓‘同乡同业’，主要是指在城市工商业经济中，来自同一地区的人群经营相同的行业，利用同乡或同族关系建立商业网络，实现对市场和资源的垄断与控制。”论者还从历史学的角度，追溯了中国传统社会中的同乡同业传统，如傅衣凌先生揭示的明清时期地域性商帮与族工、族商现象，以及傅衣凌的学生郑振满、陈支平等对明清以来的乡族经济的研究，分析了同乡同业传统与乡族组织的内在历史联系。⑨

“同乡同业”的概念准确地反映了经济活动与特定社会网络之间的相互嵌入关系，我试图借用这一概念来概括孙村的“打金”业。不过，在历史与现实之间，“同乡同业”的现象并不尽同。历史上的“同乡同业”可能的确存在对市场和资源的垄断与控制问题，因此，傅衣凌先生认为，“乡族势力对中国封建经济的干涉”是中国资本主义萌芽不能顺利发展的主要原因之一。⑩但今天的孙村“打金”业，其实并非如此。首先，孙村“打金”业从业者都是一些个体户、小业主，他们在城市里开展的经营活动，仅仅依托于各自的微型亲缘网络，各网络之间并没有形成进一步的联合或者结盟（如近代城市里的同乡会馆或同业公会）以垄断市场；其次，孙村“打金”业虽然是在城市里设店营业，但其所需要的生产工具、劳动力、技术、款式、信息等生产要素都来自孙村本土，不存在依靠同乡网络在城市里控制生产资源的问题。

如果不是以同乡网络在城市里控制和垄断市场资源，那么，孙村“打金”业为什么具有强劲的竞争及扩张能力？

谭同学研究了湖南新化人如何在全国范围经营数码快印业，他认为：“对于市场中的部分主体而言，社会因素有利于帮助它们降低交易成本，从而在市场中具有更强的生命力。对比科斯关于企业的经济性质在于降低交易成本的判断，可以说，包括亲缘和地缘关系网络在内的社会因素，与市场有着深度契合的一面。”[11] 其实，“同乡同业”形态的小本经营活动，并不严格依循现代企业制度，从其“企业总成本”的角度看，“交易成本”的比例应该远低于“生产要素成本”。换句话说，在研究“同乡同业”形态的小本经营活动时，除了“交易成本”，还应关注此种特殊业态为何可以有效降低“生产要素成本”。

首先，孙村的“打金”业依托于地方社会网络，其所有的生产材料都可以在孙村完成一站式采购，不仅价格低，而且如果一时资金周转不了，还可以赊账。“打金”者可以随时通过电话，请远在孙村的家人或者熟人将货品以每大包仅 10 元的

“手续费”托给孙村直达各大城市的客运大巴，这也大大降低了物流成本。

其次，一个加入“打金”行业的年轻人依托亲缘关系网络，无须任何培训费就可以拜师学艺，而创业所需的资金也可以快速地在亲戚朋友间筹集完成，筹资成本几近于零。已是行业前辈的亲戚朋友还会根据经验帮助刚刚入行的后辈盘下较有商机的店面。

最后，他们在都会城镇的“打金”活动，往往是同一个亲缘关系圈的人相对集中于同一个城市，方便互帮互助。一家“打金”店的收入一般来自代客翻新首饰款式的加工费、加工过程必要耗损的金粉的提炼、零售金银首饰品赚取的差价。这些业务的开展需要他们不间断地交流信息，如黄金及生产材料价格的起落、何种款式好卖、该进什么货等。他们也开展互惠式的合作，如相互间的资金借贷、生产材料的互通有无、生产工具维修及首饰加工技术的相互帮忙相互指导、店面的相互照看等。[12]

在这样一种经济活动与在地社会网络紧密相嵌的情形下，孙村“打金”业的交易成本及生产要素成本都大为降低，其竞争扩张能力相应强大，这也是外来者无法步孙村人后尘涉足“打金”业的原因，但其间体现的并非通过资本扩张达到垄断市场资源目的的“大鱼吃小鱼”的资本主导下的经济逻辑。可以说，越是成现代企业建制的竞争对手，其企业的交易成本及生产要素成本就越高，就越是不可能击败“同乡同业”的孙村“打金”业。因此，对一个想加入“打金”业的孙村年轻人来说，只要他紧紧依托于熟人社会及亲缘关系圈，便很容易走上自主创业的道路。今天的孙村年轻人几乎无人到珠三角或者长三角的代工厂打工就是一个明证。

乡土社会资源与“同乡同业”经济的相互激活

有道是“天下没有免费的午餐”。一个依靠熟人社会及亲缘关系圈的帮助而自主创业的孙村“打金”人，也必须对这个熟人社会及亲缘关系圈的节庆参与及人情往来投入时间和金钱，这既是回报，也是其在孙村的乡土社会里作为一个成员的自我确证与他人认同，更是为了其自身的进一步创业而不断累积社会资本的必要投入。对缺乏社会资本的人们来说，已然形成的乡土社会网络几乎是他们唯一可动用的“社会资本”，理性驱使他们不会轻易放弃这一唾手可得的关系网络。

如今，孙村的年轻男子十有八九是离家出外从事“打金”业的，但与一般进厂打工的人不同，“打金”的孙村人其实随时都与村里保持各种渠道的密切联系。

首先是“打金”的日常业务联系。都会城镇不过是孙村“打金”业的卖场和客源所在，其他所有的生产要素几乎都从孙村流出。每天五六部大客车穿梭于孙村与全国各大城市现象的背后，是源源不断的物流、人流、资金流、信息流。

其次是亲缘关系圈情感沟通。每逢孙村重大节庆，如春节、清明节、中秋节、自家或者亲缘关系圈家庭的婚丧嫁娶寿庆满月，他们总是不惜时间及花费，不远千百里返乡或设宴或赴宴或二者兼有。如有“谢恩”或“拜忏”仪式举行[13]，也必特地回家虔诚跪拜跟香。这种貌似非理性的人情消费，实为一种生产性的开支，因为孙村“打金”人的业务往来及社会交往一直是以本土的熟人社会及亲缘关系圈为主，作为“打金”业中心的孙村是累积他们的社会资本的不二场域。

再次是成功取向的在地化。孙村既是“打金”人的家乡，又是他们在外创业的重要基地。与一般的经商人士不同，孙村“打金”人最为看重的是回到村里展示创业成功，他们赚到钱后，第一件事就是回家盖新房，所谓“方便别人称呼”，意思是：新房矗立在村，表明他任何时候都是孙村的一分子。有个年轻人不是先回孙村盖新房，而是先到莆田城里买了一套商品房，结果颇受非议，舆论压力之下还是于次年回孙村另择宅基地。今天，三至六层的新楼房已遍布孙村，在他们竞相夸富的背后，其实是对乡土社会的内向认同，此大不同于“外向型村庄”的行为逻辑。[14]

最后是对熟人社会成员身份的积极认同。孙村是沿海偏乡，既无族谱亦无祠堂，只有一座小规模的社庙永进社。自20 世纪 80 年代“打金”业兴起之后，永进社供奉的主神杨公太师每年正月十一出游及农历四月二十六和九月二十六的神诞就日益热闹，民间信仰的号召力也随之看涨。原因是“打金”人越来越积极参与孙村的重大节庆，他们既看重本土神明的护佑，又想借机尽到他作为孙村人的职责。杨公太师出游时，每家每户都会给“压岁钱”，初期是一二十元不等，如今已自发提升至上千元。神明的“压岁钱”其实就是孙村的公益基金，乡老将这笔钱用于社庙修缮、香火、节庆社庙筵席、神诞会演莆仙戏等。乡老往往在元宵期间提出本年度的一些公益项目（如铺路、修桥、办学、成立老人协会等），并提议大家赞助，大多认捐热烈。而神诞会演，“打金”人也必回家大摆筵席大宴宾客，说是“给神明做热闹”，其实与参与孙村公益一样，都是为了寻求熟人社会的身份认同。

施坚雅根据“中地系统”（central place system）研究中国乡村的市场体系，认为由于存在“距离成本”（distance costs），市集往往位于等边六角形中心。[15]如果从“中地系统”及“距离成本”的角度看，似乎很难理解偏于东南沿海一隅的“界外”孙村为什么会成为“打金”业各种生产要素的集结地与流转地，而处于更为核心地理位置的城市反而成了孙村的次级市场。但我们不能像经济地理学家那样单从“距离成本”的角度考虑问题。事实上，施坚雅本人并非经济地理学家，其首先是一个人类学家，虽然其“中地系统”揭示的中国市场体系与经济地理学家建构的普遍模式相比并无不同之处。作为人类学家的施坚雅，强调的是市场体系所具有的社会意义的重要性不亚于经济意义，空间经济体系也是一个社会文化体系。[16]如果既看到孙村是一个“打金”业各种生产要素的集结地与流转地，又看到它是一个特定的社会文化体系，既看到经济活动的“距离成本”，又看到经济活动的交易成本和生产要素成本，既看到各种生产要素集结与流转的过程，又看到各种社会及文化要素的集结与流转，以及经济与社会的相互嵌入，那么就可以理解孙村何以维持其在成千上万的“打金”者心中的中心地位。

费孝通先生曾经以“离土不离乡”来概括“苏南模式”，也曾以“离土又离乡”来概括“温州模式”。[17]在费先生那里，“离土不离乡”指的是苏南的乡镇企业，“离土又离乡”指的是温州数十万勇闯全国市场的小商品推销员。“土”指依赖土地的农业，“乡”指地理空间意义上的家乡。孙村的“同乡同业”经济肯定是“离土”的，也肯定不是“离乡”的。但说它“不离乡”，又并非指其在地办乡镇企业。在此，似乎很难以费孝通先生意义上的“离土不离乡”或“离土又离乡”来概括孙村的“同乡同业”经济。如果一定需要借用费孝通先生“离土不离乡”的说法，则应该把“乡”的含义扩大，“乡”不仅是地理空间意义上的，同时也是社会空间意义上的，那么，孙村“离土”在外的“打金”人其实从来就没有脱离过社会空间意义上的“乡”。

且不说孙村“打金”人出于业务、亲缘情感沟通、社区身份认同的需要，积极地往返于城市与家乡之间，就是他们在都会城镇从业的过程中，也是紧紧依托家族网络、乡土社会网络形成经济活动的纽带，创造出有别于今天流行的市场经济的经济形态，这一经济形态就是社会网络与经济网络的相互嵌入。其经济活动不仅与乡土社会网络相互依托，更重要的是二者之间还相互激活，使传统、乡土、家族这些有可能被认为是过去式的遗存，在孙村所在的“界外”却呈现活态，其不仅渗透于人伦日用，还贯彻于经济民生。

中国乡村空心化的反向运动

中国乡村空心化指的是农村的劳动力、原材料、资金都被工业化城市化吸纳殆尽，农业凋敝，劳动力流失，农村的经济及社会皆已失去再生及可持续发展的能力。[18] 乡村空心化之所以已成不可逆之势，其原因在于经济全球化的浪潮无可阻挡。中国乡村空心化的实质是，资本主导的生产方式在全球及全国范围内对各类生产要素的重新整合和价格的“逐底竞争”(race to bottom)，即全球化（globalization）和全国化（nationalization）。[19]经济全球化或者经济全国化必然带来“经济”与“社会”的彻底分离。在资本逐利的本性驱使下，任何一种生产要素都可能被抽离出它原先的在地背景，而得以在任何一个可以实现成本最低化和利润最大化的场所重新组合，形成“无心无肺”的经济怪胎。

卡尔·波兰尼（Karl Polanyi）在《大转型：我们时代的政治与经济起源》一书中提出市场与社会的反向的“双重运动”，他认为市场社会正是由这样两种相互对立的运动组成的，一种是自由放任的资本主义不断扩展市场的运动，另一种则是由此而来的抵制经济“脱嵌”的保护性反向运动，使经济活动重新“嵌入”总的于社会关系之中。[20]我们已经习惯于对中国乡村空心化的判断，也习惯于将波兰尼在百年前的期待视为遥不可及的神话。可是，中国农村之辽阔、区域差异之巨大，远非“中国农村”四字可概括。在从温州、闽南到潮汕这一中国东南沿海的狭长区域里，存在着类似的乡土文化传承及“兼业”的谋生方式，这导致今天该地区的人群拥有一种非常特殊的经济活动形态，就是离乡离土的农民很少进入大工厂大企业打工，而且从内心里鄙视“打工”。他们是机动灵活的游击小分队，以核心家庭或者以亲缘关系圈作为经济活动单位，在全国乃至世界各地，生机勃勃地开展各类非正规经济的“同乡同业”经营。[21]孙村的“打金”业不过是这个盛行“同乡同业”经济的特殊区域里的一个典型。

“同乡同业”经济活动的生命力，体现了乡村空心化的反向运动。在乡村空心化的大潮之中，乡村的所有生产要素都是向城市流动的。从城市的视角看，乡村不过是廉价的劳动力及原材料的供应地。孙村的年轻人奔向城市“打金”，并不是作为廉价的劳动力被动卷入城市的经济模式之中。对活跃的孙村“打金”业来说，全国范围内的都会城镇，倒是给“打金”业提供了另一种生产因素，即源源不断的顾客和市场空间。孙村人依托本土的社会网络，慢慢在地集结“打金”业的各种生产要素，然后突入城市，对城市里的生产要素进行反组合。几十年来，一拨又一拨的孙村年轻人外出到城市“打金”，但孙村并没有因此空心化。相反，随着作为“同乡同业”经济的“打金”业的不断扩大，与“打金”业相关的生产要素得以更加活跃地在孙村所在的“界外”集结，其所发挥的“打金”业的枢纽中心的功能有增无减。因为孙村的“打金”业是深深嵌入本土社会网络之中的，所以在“打金”业发展的刺激下，社会资本也得以良性运转，民间社会更添活力。这也许就是卡尔·波兰尼期待的经济与社会发展的相互嵌入，这种“同乡同业”的经济形态也许可以称为有别于市场经济（market economy）的社会经济（social economy）。[22]

孙村位于“界外”——一个曾经的地理意义、社会意义和文化意义上的多重边缘地带。今天孙村的“打金”业，作为“同乡同业”经济和非正规经济的一种业态，在主流的、“现代”的经济话语体系里，也一定是被视为不入流的、落后的、边缘化的经济形式。孙村似乎一直都难以从“界外”的角色中摆脱出来。不过，这些都无关紧要。紧要的是，在目前铜墙铁壁似的政治—经济结构中，大概只有从“界外”、从另类的经济实践中，方可获得突围的可能与机会。

注释

①莆田县县志编集委员会．莆田县志·清初莆田沿海截界始末（草稿），1963.

②姚中秋．钱塘江以南中国：儒家式现代秩序．开放时代，2012(4).

③还有强调方言影响社会构成的，如从事客家研究的人类学家孔迈隆（Myron Cohen）认为，方言是中国社会结构的另一个变数，是构成群体的一支主要力量，许多特殊的社会活动方式都直接与方言之差异有关，如果不加以考虑，任何有关这一地区的社会组织研究均不算完整。参见：杨国枢，文崇一．社会及行为科学研究的中国化．台北：台湾民族学研究所，1982：302。

④施坚雅．中国农村的市场和社会结构．史建云，徐秀丽，译．北京：中国社会科学出版社，1998：40.

⑤黄宗智．中国小农经济的过去和现在：舒尔茨理论的对错//中国乡村研究：第6辑．福州：福建教育出版社，2008.

⑥袁恩桢．温州模式与富裕之路．上海：上海社会科学院出版社，1987：66，101-106.

⑦黄宗智．中国过去和现在的基本经济单位：家庭还是个人？．人民论坛·学术前沿，2012(3)；黄宗智．中国的现代家庭：来自经济史和法律史的视角．开放时代，2011(5).

⑧谭同学．亲缘、地缘与市场的互嵌：社会经济视角下的新化数码快印业研究．开放时代，2012（6）.

⑨郑莉．东南亚华人的同乡同业传统：以马来西亚芙蓉坡兴化人为例．开放时代，2014（1）.

⑩傅衣凌．论乡族势力对于中国封建经济的干涉：中国封建社会长期迟滞的一个探索．厦门大学学报（哲学社会科学版），1961（3）.

⑪同⑧.

⑫类似情况也见于湖南新化人的数码快印业。谭同学发现，“较之于其他经营者和技工，成功的经营经验和新技术在新化人的亲缘与地缘网络中传播速度极快、成本极低。这一优势弥补了他们文化水平低的不足，让他们在打字机修理行业内取得了举足轻重的地位”。参见：谭同学．亲缘、地缘与市场的互嵌：社会经济视角下的新化数码快印业研究．开放时代，2012（6）.

⑬“谢恩”是以家族为单位酬神还愿答谢天恩，“拜忏”也是以家族为单位祭祀所有同宗先人亡灵。此两仪式极为隆重，一般需要两三个日夜铺陈科仪。关于“谢恩”，请参见：郑莉．私人宗教仪式与社区关系：莆田东华“谢恩”仪式的田野考察．开放时代，2009（6）；吴重庆．“后革命时代”的人、鬼、神——孙村：一个共时态社区//孙江．新史学：第2卷（概念·文本·方法）．北京：中华书局，2008.

⑭贺雪峰一直有“外向型村庄”之说。参见：仝志辉，贺雪峰．村庄权力结构的三层分析：兼论选举后村级权力的合法性．中国社会科学，2002（1）。

⑮同④21.

⑯同④49.

⑰江苏省小城镇研究课题组．小城镇　大问题．南京：江苏人民出版社，1984；费孝通．小商品　大市场．浙江学刊，1986（3）.

⑱吴重庆．从熟人社会到“无主体熟人社会”．读书，2011（1）.

⑲“全国化”（nationalization）是我自创的一个概念，意思是指，在中国这样一个区域发展不平衡、资本活跃、幅员辽阔的大国，完全可能出现“经济内殖民”的现象，与经济“全球化”的逻辑并无二致。

⑳波兰尼．大转型：我们时代的政治与经济起源．冯钢，刘阳，译．杭州：浙江人民出版社，2007.

㉑关于“非正规经济”，可参见：黄宗智．中国被忽视的非正规经济：现实与理论．开放时代，2009（2）。

㉒关于“社会经济”，可参见以下专题：张曙光，黄万盛，崔之元，等．社会经济在中国（上）．开放时代，2012（1）；钟秀梅，古学斌，张和清，等．社会经济在中国（下）．开放时代，2012（2）；米勒，哈维，赖特，等．社会经济．开放时代，2012（6）。

（原刊《开放时代》2014年第1期）

第六章 “同乡同业”：“社会经济”或“低端全国化”

中国传统社会中的经济活动在多大程度上不同于西欧的资本主义，这可能会成为一个历久弥新的问题。关于中国资本主义萌芽问题的讨论，已牵动了好几代学人的思绪，至今余波未了。不过，这场漫长的讨论也许并没有跳出西方中心主义的圈圈。如果从“求异”而非“求同”的角度关注中国传统社会中经济活动的特殊性，则可能拓宽视野。如葛希芝（Hill Gates）提出“低端资本主义”（petty capitalism）这一概念，用以理解中国传统社会中流行的生产方式，即一种不以消费为导向的，受到政治、血缘、地缘等一系列因素影响的生产方式。她认为中国农村几百年来并没有以血缘关系或家庭生产方式运作，而是以与帝国政府组织的贡赋生产方式（tributary mode of production）强烈互动的、既不是资本主义又不是社会主义的低端资本主义生产方式（petty capitalist modes of production）运作。她强调，这种低端资本主义与发达资本主义的区别主要在于劳动关系，前者是封建关系、亲属关系等，而后者是雇佣关系。[①]她所谓的“低端资本主义”（petty capitalism），与我们接下来要讨论的“同乡同业”也有类似之处。

“同乡同业”概念的提出

“同乡同业”概念被用于中国经济史研究，也是试图揭示中国内部的一种特殊经济活动方式。

最早提及“同乡”“同业”的是高红霞，她在考察上海糖商业同业公会时发现，这一近代以来兴起的商人组织，事实上是从在上海经商的福建人和广东人传统的同乡同业组织，如会馆、公所中发展起来的。[②]她是从组织的角度关注“同乡”与“同业”。郑莉则从经济活动现象的角度第一次使用“同乡同业”概念，她以早年下南洋的兴化（今福建莆田）人在马来西亚芙蓉坡经营人力车为例，研究东南亚华人的“同乡同业”传统。她于2011年11月参加在广州举行的第九届开放时代论坛“社会经济在中国”时报告了这一研究成果，并把“同乡同业”定义如下：“所谓‘同乡同业’，主要是指在城市工商业经济中，来自同一地区的人群经营相同的行业，利用同乡或同族关系建立商业网络，实现对市场和资源的垄断与控制。”[③]郑莉对“同乡同业”的理解，体现出其所在学术共同体的师承关系，即：傅衣凌先生研究明清以来乡族经济时看到乡族势力在水利、交通、集市、贸易、度量衡等领域对农村社会经济生活的全面控制，形成族工族商[4]，以及傅衣凌先生的高足郑振满教授看到明清以来乡族组织已经超出了亲属组织的范畴，即乡族组织"既可以是以婚姻或血缘关系为基础的亲属组织，也可以是以地缘或契约关系为基础的拟似的亲属组织"，因此明清以来"乡族组织与地主经济的直接结合，使已经衰落的私人地主经济得到了强化"，或者说已经转化为乡族组织的共有经济。[5]郑莉所谓的"同乡同业"传统，可以说是扩大了乡族组织的社会网络（如郑振满）之后的乡族经济在异国他乡城市里的翻版，但依然还是具有垄断性的（如傅衣凌）。

"同乡同业"概念虽然并非由我发明，不过我把"同乡同业"从经济史的研究中挪用来研究滥觞于改革开放之初中国东南沿海，而于今扩张至全国城镇的、依托于乡土社会网络开展某一行业经济活动的现象。因为研究对象及时势的变化，需要对经济史研究中"同乡同业"的概念内涵重新定义。按我自己的定义，"同乡同业"是指同一区域的人群依托乡土社会网络，以非正规经济活动的方式，在乡土社会之外从事相同行业或属于同一产业链的经济活动。在这一定义中，"同乡同业"是灵活、非正规、不具有垄断性的，其经济活动也不是仅仅局限于某些大城市，而是全面铺开，几乎覆盖全国所有城镇。这当然与中国革命打倒宗族—乡族、改革开放以来城市经济开放以及今天的交通便利而大大降低经济活动的距离成本有关。我使用"同乡同业"概念，较为细致地分析了家乡福建莆田孙村一带的人们，在全国各地从事金银首饰业（简称“打金”业）的情况，认为在乡土之外的“同乡同业”经济活动与乡土社会发育相辅相成，发达的“同乡同业”体现了乡村“空心化”的反向运动。[⑥]

2011年11月，《开放时代》杂志在广州举办题为“社会经济在中国”的第九届开放时代论坛，组织者对论坛主题作如下阐明：“在经济全球化的裹挟之下，独大的市场经济已经越来越与社会的发展相脱离，贫富差距、社会不公及垄断现象日渐加剧。以中国之博大、地方经济模式之多元、民间社会资源及文化传统之丰富，应该可以在今天中国探寻到有别于市场经济而又使经济、社会与文化相互嵌入的多元社会经济实践。今天中国的社会经济大体包括集体经济、合作经济、社会企业以及基于地方社会网络并扩散至全国的各类非正规经济。如何探索一条不同于市场经济，又有异于计划经济的发展道路，是改革开放三十年后的一项重大社会工程。”[⑦]这届开放时代论坛专门组织讨论了“同乡同业”，内容包括郑莉报告《东南亚华人的同乡同业传统：以马来西亚芙蓉坡兴化人为例》、谭同学报告《亲缘、地缘与市场的互嵌：社会经济视角下的新化数码快印业研究》、夏循祥报告《作为酵母的社会关系：一个被馒头改变的乡镇》。在此，“同乡同业”被视为“社会经济”的一种形式。

与“市场经济”（market economy）相对的概念并非“计

划经济”（planned economy），而是“社会经济”（social economy）或者“团结经济”（solidarity economy）。本来，“经济”与“社会”应该是紧密结合的，社会中的经济作为一个自我生成系统，“我甚至认为，把经济、社会、文化区分开来是把人引入歧途。一切经济行为都是社会行为，因此所有的经济总是具有社会特征的”[8]。卡尔·波兰尼也并不认为可以有独立存在的市场体系，但认为会出现自由放任的资本主义经济从社会中脱离出去的趋势，这样就引出保护性的反向运动，使经济活动重新嵌入总的社会关系之中。[9]“市场经济”一旦发展成高度垄断的资本主义经济（尤其在经济全球化时代），必然导致经济活动与社会的分离。“在资本逐利的本性驱使下，任何一种生产要素都可能被抽离出它原先的在地背景，而得以在任何一个可以实现成本最低化和利润最大化的场所重新组合，形成无心无肺的经济怪胎。”[10]而“社会经济”便是致力于经济与社会的相互嵌入，属于卡尔·波兰尼所说的保护性的反向运动。

“同乡同业”作为“社会经济”的一种形式，是如何发生的？又是如何体现出“经济”与“社会”相互嵌入的特点的？

作为“社会经济”的“同乡同业”

“同乡同业”不同于中国历史上的地域性商帮、族商，因其不具有垄断性。只要是同一乡土社会的人，都可以利用乡土社会网络加入某一行业。因为经营者众，所以其经营活动区域无远弗届，远超以往地域性商帮、族商。“同乡同业”也不同于现在所谓的“专业镇”。“专业镇”往往是地方政府规划的产物，只是在特定地点集中生产某种产品并在地批发销售，经营者除了本地人，还有外来者，其经营活动并未向其他区域扩展，可谓“同域同业”而非“同乡同业”。

“同乡同业”既非地域性商帮、族商的再现，亦非地方政府规划的产物，那么，其究竟是缘何出现的？

资源禀赋不足与流动型兼业。今天的“同乡同业”最早出现于从浙江温州，到福建莆田、泉州、漳州，直至广东潮汕、雷州半岛这一狭长的沿海地带。该区域的共同特点是人多地少。如20世纪80年代温州的人均耕地只有0.46亩，每个劳力耕地1.54亩，不到全国平均水平的三分之一。[11]而根据《莆田统计年鉴2018》提供的数据，2017年莆田市常住人口人均耕地面积仅有0.38亩，低于福建省的平均水平，只达到全国平均水平的四分之一。因此，这些地方的农业收成根本无法满足口粮之需，极为有限的耕地也根本无法容纳家庭劳动力就业，以致家中男孩不得不早早拜师学一门手工艺或者当起商贩。因为乡村市场空间有限，无法实现在地兼业，所以这些男孩只能采取游走四方的流动型兼业模式，在农闲季节外出做工或者经商，往往离家数月，其活动可达一县之范围。“桥头弹棉郎，挑担走四方”，说的正是温州永嘉县桥头镇弹棉花的手工艺人。因为流动型兼业对农民生计不可或缺，所以即使在人民公社时期，政府依然允许“串乡经营”。1962 年 9 月 27 日，中国共产党第八届中央委员会第十次全体会议通过《农村人民公社工作条例修正草案》，其中第十四条规定公社管理委员会应该积极促进手工业生产的发展。“公社管理委员会，应该同生产队商量，合理地解决生产队内部手工业者的口粮问题，合理地处理他们参加集体分配问题。”“历来是串乡经营的个体手工业者，人民公社各级组织应该容许他们串乡经营。”这些习惯于跨越乡土社会边界“串乡经营”的手工艺人，就是改革开放后外出创业的“同乡同业”的“基本盘”。如温州永嘉县桥头镇的“弹棉郎”，改革开放后一跃成为深入全国城镇的桥头纽扣的推销员。而人民公社时期通过大兴农田水利建设吸纳农业剩余劳动力的机制随着人民公社的解体而解体，这也是改革开放后中国广大农村剩余劳动力陡增的原因。这些新增的剩余劳动力在原来的“串乡经营”者带动下，汇入了“同乡同业”的潮流。据统计，20 世纪 80 年代温州外出的各类小商品购销员多达 10 万人。[12]

乡土社会网络与“强关系”带动。上述区域正好也是乡土社会网络发达的区域，属于姚中秋先生所谓的“钱塘江以南中国”。他说，“西晋灭亡，居住于洛阳及其附近上层士族南迁，其组织严密，人数众多，不愿与吴中豪杰争锋，于是选择渡过钱塘江，分布于会稽一带，建立起强有力社会组织。后来南迁者无法渗入，只好继续南迁。钱塘江成为中国文化的一条重要分界线”，“每一次战乱，都推动相当一部分儒家化程度较高的人群向南迁徙”，以致“钱塘江以南中国”（宁波以南之沿海地区、皖南、江西等）后来居上，儒家文化的保存反超江南及中原地区。[13]这一区域的宗族文化的确比较深厚，宗亲意识比较强烈。此外，这一区域还是中国方言最丰富的区域，各方言之间差异大，无法沟通，由此形成更加清晰的乡土社会边界。方言是地方性知识的重要载体，地方性知识具有低替代性，而对低替代性的地方性知识的共享，可以解决人际关系中因信息不对称而导致的不信任问题。从事客家研究的人类学家孔迈隆（Myron Cohen）认为，方言是中国社会结构的另一个变数，是构成群体的一种主要力量，许多特殊的社会活动方式都直接与方言之差异有关，如果不加以考虑，任何有关这一地区的社会组织研究均不算完整。[14]还有一个不容忽视的因素便是，这一区域因为宗族文化深厚，存在求男丁传宗接代的生育偏好。如福建莆田沿海农村在20世纪80年代严格执行计划生育政策的影响下，早婚早育、“黑婚”（不登记结婚）现象较为普遍，导致通婚半径缩小以及姻亲关系的进一步强化。[15]以上诸因素共同编织了这一区域发达的乡土社会网络，这一社会网络由宗亲、姻亲、乡亲以及手工艺师徒等“强关系”缔结。一批又一批的年轻人在乡土社会网络中“强关系”的带动下，迈过了“同乡同业”的创业门槛。“强关系”中的带动者对新人有帮扶义务，不仅不会将新人视为雇工，反而会在新人掌握技术或熟悉经营之道后马上助推其另立门面自主创业。值得一提的是，姻亲在此过程中发挥的作用超过宗亲，这与核心家庭日益普遍以及兄弟之间较容易发生利益冲突有关。

低行业门槛与非竞争经营。20 世纪 80 年代兴起的“同乡同业”尽管业态众多，但大多与手工操作有关，从业者需要具备在短期内即可习得的技术以及小本创业资金，如浙江温州的修鞋补伞、浙江松阳的松香采脂、福建莆田的“打金”（金银首饰加工）等。因为入行有一定门槛，所以从业者需要“强关系”的带动。如上所述，姻亲关系在“同乡同业”发展过程中作用较大，这推动了“同乡同业”中夫妻档的大量出现。早期“同乡同业”大多介于二三产业之间，既是劳动密集型的手工业，又是劳动密集型的服务业，一个小型经营档口正好可以容纳夫妻二人的劳动力，实现劳动的弹性积累。夫妻档、前店后家或下店上家成为流行模式，“同乡同业”也从区域内流动兼业发展到全国范围的定点营业。“强关系”带动的“同乡同业”既会避免恶性竞争（如“同乡”经营的“同业”店面之间保持数百米距离乃为潜规则），也会寻求更有效率的互惠合作。“同乡同业”的行业门槛低，从业者都是凭手工艺和服务吃饭，“同业”之间体现的并非通过资本扩张达到垄断市场资源目的的“大鱼吃小鱼”经济逻辑。“同乡同业”都是一些个体户、小业主依托于各自的微型亲缘网络，具有“强关系”的从业者一般同城同域经营，他们在资金、技术、生产资料、信息、劳动力等方面相互拆借，互通有无，互惠合作，其生产要素成本及经营成本大大低于置身于乡土社会网络之外的经营者，令外人难以涉足其中与之竞争，这也是"同乡同业"经营者之间并没有必要形成进一步的联合或者结盟以垄断市场的原因。由此我们看到中国乡土社会的韧性，看到乡土社会网络依然可以活跃于城市里的市场经济活动。

"生态位"与"文化母体"。生态人类学家将生物对具有特殊环境特征的"小生境"（microenvironments）中的有限能量和可利用营养的分享称为"生态位"（ecological niche）。从"生态位"的角度出发，"个人是通过社会和文化母体，而非孤立地应对能量和物质资料的各种问题"[16]。马克·格兰诺维特（Mark Granovetter）的"嵌入理论"也指出，因为持久而稳定的人际关系会降低交易成本、提高合作效率，所以个体更倾向于维护人际关系而非追求短期最大利益。[17]"同乡同业"中的从业者并非经济学所谓的孤立的、个体化的"理性人"，他们是以乡土社会网络为依托开展经营活动的，特定的乡土社会空间就是一个"小生境"，特定的"强关系"的带动就是其"生态位"，这同样也是符合"理性"的。因为"生态位"的重要性，所以个体即使从"理性"的立场出发，也应该维护好"小生境"。在此，"小生境"犹如"公共产品"，谁都可以利用。在经济学的分析中，"理性人"因为都是孤立的个体，所以面对“公共产品”时都想“搭便车”，没有人愿意为“公共产品”付费，都将“公共产品”视为免费的午餐。可是，在“同乡同业”的从业者眼中，这个“小生境”不仅仅是“公共产品”，也是“文化母体”，每个人都孕育、寄寓其中，都愿意维护好这个“文化母体”。因此，但凡春节、元宵、清明、神诞等重要节庆，在外的“同乡同业”从业者都尽可能返乡，积极参与家族以及村落公共活动。据统计，在“同乡同业”发达的莆田，活跃在乡村神诞舞台的莆仙戏剧团多达 130 多个，“全市年演出总数 6 万多场次，观众 3 000 多万人次。全市每个行政村年平均演出 60 场戏，人均年看戏 10 场”，其中社区请戏（“社戏”）占 70%～80%（神诞及民间节日）。[18]在全国不少传统戏剧衰落的背景下，为何莆仙戏仍如此受追捧？因为越是“同乡同业”从业者众的乡村，就越是重视神诞，重视神诞期间人神共娱的戏剧演出。“同乡同业”从业者对乡村公共事务、公益事业以及返乡盖新房（即使他们在城市里购房并常年居住）非常重视，他们高度依赖乡土社会的关系网络和社会资本，所以需要通过参与在家乡进行的各项活动来再生产外出经商所需的社会资本，同时这也是他们获得乡土社会对其创业成功认可，以及拥有乡村社会成员权的重要途径。“同乡同业”与作为“生态位”“文化母体”的乡土社会相辅相成，“同乡同业”从业者在家乡内部以及在家乡之外的同城因为频繁的互惠互动，使得乡土社会资本不仅没有流失，反而获得了前所未有的激活。[19]可见，“同乡同业”作为“社会经济”的形式之一，其“社会经济”的特点不仅体现在经济活动嵌入社会关系，还体现在经济活动维护了社会关系的进一步发育。

“经济”是如何嵌入“社会”的

在资本主义经济活动方式主导下，“经济”与“社会”之间其实是很容易脱嵌的，或者说，脱嵌是常态，嵌入是困难的。可以打个比方，“经济”与“社会”犹如高速运转中的两大齿轮，一不小心，转瞬之间即可脱嵌。虽然福建莆田是“同乡同业”发达的区域，但“同乡同业”并非在全域获得均衡发展。以下从莆田内部的区域差异看“同乡同业”发展过程中“经济”是在何种情况下嵌入“社会”的。

莆田市总人口近 300 万，共有海外侨胞约 150 万人，分布在 80 多个国家和地区，其中华侨约 50 万，华人约 100 万。正如郑莉在《东南亚华人的同乡同业传统：以马来西亚芙蓉坡兴化人为例》一文中指出的那样，莆田人（兴化人）很早以前就在东南亚形成了“同乡同业”，其华侨华人遍布海外。而今天莆田形成了多项大规模的“同乡同业”，如民营医疗行业（俗称“莆田系”）占全国市场 80％份额，木材行业占全国市场 70％份额，金银珠宝行业占全国市场 60％份额。据莆田市人民政府 2018 年公布的统计数据，“莆商”（“同乡同业”从业者）在外经营的生产总值相当于莆田市生产总值（2017 年为 2 045.19 亿元）的两倍。莆田不是只有地理意义上的一个莆田，在外经商的莆田人也形成了一个依靠莆田本地社会网络的“在外莆田”或称“同乡同业”的莆田。值得注意的是，莆田的“同乡同业”基本集中于被称为“界外”的莆田沿海地区。

莆田市陆地面积约为 4 200 平方千米，按其区位及地理特征，由东南往西北，大体可以分为“界外”（沿海）、“洋面”（平原）、“山里”（山区）三大区域，这既是地理区位之分，又是地方社会等级之别。

“洋面”指宋代开创莆田南北洋围垦工程而成就的兴化平原，历来为鱼米之乡，文教及家族组织尤其发达。根据郑振满教授的研究，从宋代到清代此地出过上千名进士及为数更多的举人，但“这些进士和举人实际上只是集中在几十个大家族，分布在 50 个左右的大村庄”，“洋面”的村庄之间形成了 150 多个“仪式联盟”，开展宗教、公益慈善、水利规划等活动，是一个集生态、行政、经济、文化于一身的巨大的社会网络。[20]“界外”指沿海地区，地瘠人贫，人口密集却罕见祠堂与族谱，但每个村庄基本上拥有由明代里社制度演变而来的社庙。我在《孙村的路：后革命时代的人鬼神》中对“界外”这一名称的来历有过如下说明：郑成功于 1647 年（清顺治四年）海上起兵抗清，至 1661 年，郑成功部控制了莆田沿海的南日、湄洲诸岛。清政府为剿灭郑部，于 1662 年下“截界”令，沿海核定新界线并筑界墙，每隔五里即筑一石寨，将沿海居民迁至“界”内，在“界外”实行坚壁清野政策。直至1680年，莆田沿海诸岛方为清军收复。康熙二十二年（1683年），台湾纳入大清版图，莆田沿海复界。虽然“界墙”之存不过21年，但“界外”之名却一直沿用至今，并演变为一种根深蒂固的地方性歧视。[21]在“洋面”（平原）看来，“界外”（沿海）意味着边缘、落后、贫穷、愚昧、粗鲁。而“山里”（山区）则交通不便，地广人稀。根据《莆田统计年鉴2018》提供的人口数据进行测算，莆田山区的人口密度大概仅为莆田沿海的四分之一。但“山里”物产较为丰富，基本上可以“靠山吃山”，其生活水平及社会地位介于“洋面”与“界外”之间。

如上所述，今天莆田几大“同乡同业”的从业者基本上集中在“界外”，如民营医院和木材业的从业者集中在忠门半岛，金银首饰业的从业者集中在埭头半岛。“界外”人因为生计堪忧，游走型兼业乃自古以来的传统。早在20世纪80年代初，“界外”就出现了这三大“同乡同业”，相关从业者开始遍布全国。如金银首饰业主要集中在“界外”的北高、埭头、东峤三个镇，此三个镇的人口都超过十万，在80年代初大多数行业的入行门槛还比较低的时候就有两三万人外出“打金”（金银首饰加工）、推销首饰加工所需的模具，大部分为固定设档经营，但也有少部分家贫本小者沿用游走型兼业传统，走街串巷经营（俗称“走街”）。时至今日，据业内人士估计，此三镇的金银首饰业从业者有15万～20万人。这样的从业者规模，可以快速有效地覆盖全国市场，其营业布点从80年代初的全国一线城市及东部沿海经济发达地区城镇，直至今天全国几乎所有城市、县城及主要乡镇。在“界外”“同乡同业”兴起、壮大的过程中，关键因素是流动型兼业传统造就的开放的经济活动网络与生计模式、适当的时机、足够规模的从业者及营销队伍，当然还有包括一村一社庙在内的“文化母体”与“同乡同业”之间的良性互动。如上文所述，莆仙戏的演出频度可能与“同乡同业”的发达程度正相关，那么，“同乡同业”发达的莆田沿海地区就应该是莆仙戏演出的重镇。厦门大学中文系郑尚宪教授团队关于莆仙戏现状的调研报告正好印证了这一点，报告称：“全市有12个山区乡镇很少演戏，演出活动主要集中在沿海和平原不到40个乡镇的狭长地带。”[22]

再来看“洋面”。“洋面”曾经富甲一方，但走进今日“洋面”乡村，却完全是另一幅景象：河道堵塞，村落中的住宅多为改革开放之前的建筑，这与豪宅林立的“界外”乡村形成了强烈反差。但“洋面”又并非严格意义上的空心化乡村，其年轻人既没有加入“同乡同业”的大军，亦没有远赴他乡进厂打工。随着临近城区二三产业的发展，“洋面”的年轻人多离村就近打工，白天进厂，傍晚下班回村，有的甚至中午也回家用餐，这种“离土不离乡”的打工模式较好地兼顾家庭生活。但越来越多的年轻人也青睐于在城镇购买商品房并常住，故村里多数时间只见老年人，已经出现空心化的趋向。那么，“洋面”为什么与“同乡同业”失之交臂？按“洋面”人的说法是，“界外人能吃苦，敢拼”。的确，“洋面”人一直衣食无忧，根本不需要像“界外”人那样把流动性兼业作为必不可少的生计模式。虽然“洋面”的传统社会网络资源以及人口密度皆远在“界外”之上，但一旦错过了时机，越是往后，特定区域人群进入某一行业的资金与技术的门槛必定越高，而且也很难在竞争日益激烈的全国市场中占有份额。因此，即使“洋面”近二三十年来也不断涌现出有为的企业家，但其所演绎的基本上是一些个人创业成功的故事，难以带动成规模的“同乡同业”。

“山里”乡村又不同于“洋面”和“界外”，其整体上已呈现出较为典型的空心化特征。“山里”无法像“洋面”那样就近在二三产业领域就业，因此，其青壮年大量外出异地打工。在此过程中，山区乡村学校的撤并又促使人口进一步往附近中心乡镇或者县城集中，导致本来就地广人稀的山区人口密度进一步下降，常住人口老龄化的特征极为明显，有些小村趋于消失。“山里”人大概在 20 世纪 90 年代才兴起外出创业的潮流，比“界外”人足足迟了十年。这不仅仅是时间的早晚，更重要的是创业机会的丧失和创业成本的抬高。在 20 世纪 90 年代，“山里”人曾经较多地在珠江三角洲的工业园区或者工人集体宿舍门口，以流动摊档经营简单早点，如包子、馒头、豆浆、油条等，应该说也形成了“同乡同业”的雏形。但由于“山里”人口少，从业者规模不够大，加上乡土社会网络较弱，难以快速扩张并覆盖市场。之后，如湖北监利等地方的人也加入了这个面向工厂打工者的“早点业”。再后来，就被有店面经营的、覆盖全国市场的“沙县小吃”等“同乡同业”挤出了市场。

我们再归纳一下以上对莆田山区、平原、沿海三大区域经济、社会发展状况的分析。山区：散居—传统社会资源较少—靠山吃山—外出打工—往镇上、县城聚居—乡村渐趋消失；平原：聚居—传统社会资源丰厚—鱼米之乡—就近打工—乡村空心化；沿海：聚居—传统社会资源一般—人多地少—流动型兼业传统—同乡同业—乡村空心化的反向运动。

最后，我们来回应莆田的“同乡同业”为什么集中于“界外”沿海乡村的问题。传统社会资源之所以可资利用，是因为它不仅仅只是文化观念，还包括其蕴含的社会网络与社会资本。传统社会资源之被激活，不完全取决于资源是否深厚，而主要取决于其所构建的社会网络能否借助一定人口规模的经济活动而越出原先的地理及社会空间向外扩展（如莆田沿海）；但如果传统社会资源存量以及人口规模较小，则妨碍其向外扩展（如莆田山区）；传统社会资源丰厚，人口规模也大，但经济活动不需要依靠传统的社会网络与社会资本，则传统社会资源也不会被激活（如莆田平原）。可见，就“同乡同业”来说，经济与社会能否相互嵌入，取决于一定规模的人群在适当的时机选择适当的行业的经济活动能否借助传统所构建的社会网络。

是“社会经济”还是“低端全国化”

香港中文大学人类学系的麦高登（Gordon Mathews）教授近年连续出版了《香港重庆大厦：世界中心的边缘地带》和《南中国的世界城：广州的非洲人与低端全球化》两本著作，其核心概念是“低端全球化”（globalization from below）。按照他的定义，“低端全球化”是指“人与物品在低资本投入和非正式经济（合法或非法）情形下的跨国流动，其组织形态常与发展中国家联系在一起”。他还断言：“低端全球化不是世界的过去，至少在某些方面它是世界的未来。”[23]他的这个“低端全球化”算不算“经济全球化”？我自己对“经济全球化”的定义是：资本主义生产方式以成本最低化为原则对各类生产要素进行全球范围的重新组合，并开展价格的“逐底竞争”（race to bottom）。而麦高登的“低端全球化”说白了不过是欠发达地区的人来到发达地区采购适合于欠发达地区人们消费的日常用品，并贩卖到欠发达地区的“点对点”的经营活动。这里面不涉及生产活动，也许勉强可以说是经济全球化的一种形式，但以“低端全球化”冠之，未见得合适。

之所以要提及麦高登的“低端全球化”这个概念，一方而是因为他所谓的“低端”主要是指“低资本投入”和“非正式经济”，而这两点正符合“同乡同业”的特征，我们也可以将“同乡同业”视为“低端”。另一方面，目前的“同乡同业”基本上还是在全国范围内开展经营活动，因为中国幅员辽阔、区域发展不平衡，“同乡同业”也是从经济发达地区往欠发达地区、从城市往乡镇扩张，体现出与“经济全球化”类似的逻辑。在此不妨借用“经济全球化”概念，将“同乡同业”视为“全国化”（nationalization）的经济活动。综合而论，我们也许可以将“同乡同业”在现阶段的发展称为“低端全国化”。

我们之所以要以“低端全国化”视角看待“同乡同业”，是因为在“同乡同业”从 20 世纪 80 年代初发展至今的 40 年左右的时间里，中国的经济领域发生了翻天覆地的变化，经济全球化的潮流势不可挡，资本的力量空前强大并且活跃，“同乡同业”的外部资本和内部资本，都可能瓦解“同乡同业”的“社会经济”内涵，“同乡同业”面临的生存环境与生存空间已不如 40 年前。尽管如此，“同乡同业”还是在全国遍地开花，如湖南新化的数码快印业、湖北监利的包子、青海化隆的“兰州拉面”、河南鄢陵的灯光师、河南许昌的假发业、河北安平的道路护栏业、江苏兴化的不锈钢业等。以“低端全国化”的视角可以更清晰地看到“同乡同业”的发展趋向。

“同乡同业”在经历近 40 年来的发展之后，大概体现出如下趋向：

去技术化与标准化/品牌化/垄断化。这种情况在某些有一定发展历史的“同乡同业”中体现出来。我们知道，20世纪80年代兴起的“同乡同业”都是具有一定技术含量的手工业与劳动密集型服务业的相融，这既是行业的门槛，也是行业所具有的一定程度的不可替代性。但不可替代性显然对资本在市场上的扩张构成障碍。舒喜乐（Sigrid Schmalzer）在研究中国农业“绿色革命”时提出“去技能化”（deskilling）的概念。她说，在传统农业生产中，农民所拥有的“技术”是丰富的种植实践和经验，随着农业技术的现代化，传统技术面临挑战，普通农民遭遇普遍的“去技能化”。[24]其实，资本主导的经济活动更是极力追求“去技能化”，以便将掌握传统技艺和手工操作经验的劳动者变成可替代性极高的、不得不依赖大企业生存的廉价劳动力，从而将劳动者固定在规模化、标准化的生产流水线上。如湖北监利市毛市镇及周边地区十万多人在全国各地开铺做包子，其中资本积累雄厚者纷纷往品牌化、连锁经营方向发展，统一设计店面，统一和面、配料、供料，从业者无须身怀绝技或独家秘方。著名的“沙县小吃”也在沙县政府的推动下开启了品牌化、集团化的步伐。这种标准化、品牌化经营自是符合资本利益，但也必然将“同乡同业”中的大批自主创业者挤出市场，业内的竞争焦点在于资本投入和规模效应，逐渐形成一枝独大的垄断局面。

强可替代性与“打工化”。这种特点在一些后起的“同乡同业”中明显存在。“同乡同业”作为非正规经济，其从业者靠手艺吃饭，自雇劳动或者自主创业。这些手艺往往是地方性的传统工艺，有的甚至属于非物质文化遗产。随着地方性工艺后继乏人以及资本推动下的标准化、规模化生产的盛行，后起的“同乡同业”越来越倾向于选择某个行业产业链条中的小环节，这个环节是劳动密集型的，从业者的可替性强。虽然大家还是同乡，但除了老板，所有的从业者都变成了受雇劳动者，自主创业当然也不存在了。如河南鄢陵的灯光师，其实就是给影视拍摄现场打灯的人，据说已经遍布全国影视基地。又如福建平潭的隧道业，据说目前全国80%的隧道项目都由平潭人施工挖掘。表面上看，这两个个案的确可谓“同乡同业”，但众多从业者只是受雇于老乡老板，只是在给老板打工，这就是“打工化”。

产业链缩短。产业链分上游、中游、下游。20世纪80年代兴起的“同乡同业”因为属于自雇劳动和自主创业，从业者往往从产业链的中游入手，再逐渐往产业链的上游和下游扩展，形成“同乡同业”内部的产业分工，所以“同乡同业”可以将“同乡”的劳动力悉数卷入，大批量地带动就业。也因为“同乡”已经将“同业”的产业链较为完整地掌握在手并且互惠合作，所以其他区域的人群加入此行业并竞争获胜的机会不大（虽然“同乡同业”并无垄断经营机制）。如莆田沿海的金银首饰业，不仅有“打金”（首饰加工），还有收购、贩卖黄金白银，生产制造、销售首饰加工模具、加工工具、首饰盒，从事从家乡至全国各大城市的客运货运。以往资本尚欠活跃，可用地方社会网络力量占据某些行业的大部分产业链。但在21世纪以来新兴的“同乡同业”中，“同乡”趋向“打工化”，“同乡同业”中的“同乡”难以形成内部产业分工并延伸产业链，几乎不可能再现较完整地掌握某个行业产业链的“同乡同业”了。

价值链的社会分层。价值链（value chain）是指一种商品（或服务）从生产、运输、加工、包装、储存等环节，最终到达终端消费者的过程。随着经济全球化的深入，已经出现了“全球价值链”（global value chain），形成服务外包与全球空间再分布。特定群体、特定社会阶层在特定行业商品生产流通中扮演了不同角色，在价值链的不同节点上形成社会分层。如果我们把“同乡同业”中的“同业”视为一种商品或者服务的话，由老“同乡同业”的内部分工以及新“同乡同业”的“打工化”，同样可以看到其价值链的社会分层。老“同乡同业”如莆田沿海金银首饰业，有品牌化的珠宝公司，有寻求加盟的新人，有依然销售“同业”生产工具的小贩；新“同乡同业”如鄢陵灯光师，已被挤压于“全球价值链”中具有社会分层特点（“打工者”）的节点上，“同乡同业”的行业切入口越来越小。

余论

“同乡同业”作为“社会经济”的一种形式，依托乡土社会资源降低经济活动的成本；作为准公共产品，依托低成本运作的全国性经营网络，带动了辐射全国的以“同乡”为经营主体的“同业”产业链，体现了经济与社会互嵌的特征，自主创业、共同富裕的愿景触手可及。随着“同乡同业”内部资本与外部资本（包括国内资本与国外资本）日趋活跃，资本扩张的逻辑代替了“社会经济”的逻辑，资本利益牵引下的经济活动逐渐与社会脱节，在更广阔的范围而非“同乡”范围组合生产要素，呈现出经济全球化/全国化的特点。不管是旧有“同乡同业”的内部分化，还是新起“同乡同业”的“打工化”，表明了即便是再强大的乡土社会，也难以与资本巨无霸匹敌。不过有一点是可以肯定的，不管是什么行业、什么阶段的“同乡同业”，也不管其在多大程度上利用了乡土社会网络，一定是以“低资本投入”和“非正规经济”的形式出现的，只是在今日的“同乡同业”中，“社会经济”的形象淡出，“低端全国化”的面目淡入。

考察诸“同乡同业”的发展历程，其作为特殊的经济活动方式，滥觞于特定区域的乡土社会之中。而后起的在全国四处开花的“同乡同业”，虽说更多地受到资本力量的主导，但它之所以在此地而非在彼处出现，仍然与地方的资源禀赋、生计方式、社会结构、文化传统有关。不同时期、不同区域的人群对“同乡同业”的行业选择及运作逻辑不尽相同，通过对不同时期、不同区域“同乡同业”现象的比较，可以发现社会变迁及区域社会构成差异的丰富信息。从“同乡同业”的区域性分布可以洞察不同区域间的社会特点，而从“同乡同业”的阶段性发展也可以了解经济全球化、全国化的活跃程度。研究“同乡同业”，不失为落实“区域研究”（area studies）、丰富中国研究的重要切入口。

注释

①GATES. China's motor：a thousand years of petty capitalism. Ithaca，NY：Cornell University Press，1996：7.

②高红霞．同乡与同业、传统与现代：上海糖商业同业公会的历史考察．中国经济史研究，2006（1）.

③郑莉．东南亚华人的同乡同业传统：以马来西亚芙蓉坡兴化人为例．开放时代，2014（1）.

④傅衣凌．论乡族势力对于中国封建经济的干涉：中国封建社会长期迟滞的一个探索．厦门大学学报（哲学社会科学版）．1961（3）.

⑤郑振满．乡族与国家：多元视野中的闽台传统社会．北京：生活·读书·新知三联书店，2009：7，49.

⑥吴重庆．“界外”：中国乡村“空心化”的反向运动．开放时代，2014（1）.

⑦张曙光，黄万盛，崔之元，等．社会经济在中国（上）．开放时代，2012（1）．

⑧卢曼．社会的经济．余瑞先，郑伊倩，译．北京：人民出版社，2008：2．

⑨波兰尼．大转型：我们时代的政治与经济起源．冯钢，刘阳，译．杭州：浙江人民出版社，2007：112－115．

⑩同⑥．

⑪袁恩桢．温州模式与富裕之路．上海：上海社会科学院出版社，1987：9，18．

⑫同⑪66．

⑬姚中秋．钱塘江以南中国：儒家式现代秩序．开放时代，2012（4）．

⑭杨国枢，文崇一．社会及行为科学研究的中国化．台北：台湾民族学研究所，1982：302．

⑮吴重庆．孙村的路：后革命时代的人鬼神．北京：法律出版社，2014：15－16．

⑯哈迪斯蒂．生态人类学．郭凡，邹和，译．北京：文物出版社，2002：93，95．

⑰格兰诺维特．镶嵌：社会网与经济行动．罗家德，译，北京：社会科学文献出版社，2007：11－12．

⑱郑尚宪，庄清华．莆仙戏文化调查报告//朱恒夫，聂圣哲．中华艺术论丛：第10辑（振兴戏曲专辑）．上海：同济大学出版社，2011：441－460．

⑲吴重庆．农村空心化背景下的儒学“下乡”．文化纵横，2012（2）．

⑳郑振满．莆田平原的聚落形态与仪式联盟//周尚意，刘卫东，柴彦威．地理学评论：第2辑．北京：商务印书馆，2010：25－37．

㉑同⑮141．

㉒同⑱．

㉓麦高登．香港重庆大厦：世界中心的边缘地带．上海：华东师范大学出版社，2015：296．

㉔SCHMALZER S. Red revolution，green revolution：scientific farming in socialist China. Chicago：The University of Chicago Press，2016：5．

［原刊《南京农业大学学报（社会科学版）》2020年第5期］

第七章　超越空心化——内发型发展视角下的县域城乡流动

自20世纪90年代“三农”研究者关注农村空心化现象以来，“空心化”一词流行至今，几乎成了描绘当代中国农村社会图景的代名词。21世纪之初，我从研究家乡福建东南沿海的孙村开始，关注“同乡同业”经济现象，那是一种大不同于中部地区农民去到珠三角、长三角工厂流水线打工的经济活动与生计方式。如果大量中青年离家离村进厂打工，那么，作为农民工输出地的农村必然空心化。可是，流行“同乡同业”经济现象的区域，农村社会依然活跃，经济活动与社会联系、文化活动相辅相成，呈现出不同于空心化的图景。探究发生此种图景的路径及逻辑，便是我于2012年夏写作《“界外”：中国乡村“空心化”的反向运动》（《开放时代》2014年第1期）一文的动机。当年我提出“‘空心化’的反向运动”，仅限于对北起浙江温州、中贯福建莆田、南至广东潮汕及雷州半岛的沿海地带“同乡同业”现象的观察与思考，对中国广大农村来说，这不过是特殊类型农村里的特殊现象。[①] 过去十年了，“同乡同业”发生了许多演变[②]，那么，一直被视为空心化的更为广大的农村，是否出现某些新的变化迹象？

县域内的城乡流动现象引人关注

在中国的社会学家中，费孝通先生早在 1948 年就注意到城乡流动中城乡联系的一面。他说，“乡村里的人口向城市移动原是普通的现象”，“在这里引起我注意的是这些乡村里被吸引出去的人口却留着一个根在乡村里，并没有把这些人完全吸收到城市里，成为和乡村脱离了关系的人物”[③]。近年来，“三农”研究者开始关注县域内的城乡流动现象。在农民工常态化远距离流动的同时，县域之内的短距离流动也明显增加。有关学者对此给予不同的描述与解释。

卢晖临、粟后发提出“扎根型城镇化”。他们以湖南浏阳为个案，发现当地传统的花炮产业具有集聚与分散相结合的特点，使农村人口在乡镇范围内实现安居乐业。但是，由于教育资源的城乡配置与地方产业的城乡分布之间的偏离，许多农村父母为了让孩子接受更好的教育，不得不进城买房，出现了“产业在乡，教育在城”的趋势。作者称之为基层的城镇化或县域的城镇化。这种城镇化与西方拔根型城镇化不同，是迈向扎根的城镇化。作者认为：“中国社会有迈向扎根的城镇化的基础性条件，那就是中国社会普遍性的制度和文化特点（强烈的乡土观念和家乡意识，以及集体制度及其遗产）。珍惜这一独特的基础性条件，通过发展地方产业和均衡教育资源，就能规避西方的拔根的城镇化模式，让扎根的城镇化成为现实。”[4]

朱晓阳[5]、白美妃[6]在山东安丘市，安徽潜山市、绩溪县等地调查发现，农民走向城市仍然是当下的一个趋势，但是与传统社会科学预设的农民进入城市之时即疏离乡村之时不同，入城的农民仍然与乡村绑在一起。他们提出“在空间上撑开的家庭”“跨代际家庭”概念，不同于传统上城乡之间的空间转换，是家庭在县城与乡村之间同时撑开，家庭仍然是城乡两居的基本单位，也是经济合作单位。其经济合作行为最重要的是投资买房，其次是（长辈）照看孙辈和（包括子辈季节性）照看农业。通信（互联网、物联网）和交通的改善使家庭、社区的时间地理现实被压缩，同步性与重叠性增强，基础设施的变化使城乡居民的生活环境也发生了深刻变化。

董磊明等先是关注到“自主城镇化”，后又提出“两栖型就近城镇化”。他们说：“在就业机会充足的就近城镇化地区，一种具有空间延展性的新型城乡家庭形态得以产生，乡村社会逐渐‘溶解’，形成具有中国特色的稳健、温和演变的自主城镇化类型。”[7]董磊明新近注意到一部分农民在城乡之间频繁流动，在城市购房并养育下一代，农村越发成为附着于城市的“后花园”，也越来越难以构成一个完备的村庄社会。在战略上如何定位“两栖型就近城镇化”村庄，如何实现更为有效的社会治理，是学界今后应认真加以研究的问题。[8]

应该看到，农民就近进城居住，在县域范围的城乡之间频繁往返，原因固然有很多，但其最直接的动力来自子辈或者孙辈进城接受较优质教育的需求。叶敬忠研究发现，结合劳动力城乡流动的政策设计与安排，教育已经成为能够理性调节和配置家庭成员时间和空间的重要因素。农村中小学布局调整并非农村城镇化的必然结果，而恰恰是推动城市化的重要手段，是追求以经济增长为核心的发展主义的战略安排。[9]有些县市甚至将绝大多数中学集中到县城，农民为了让孩子接受较好的教育就不得不进城。对此，贺雪峰敏锐地指出，如果县域经济尤其是县域工业化难以发展起来，县域经济尤其是县城经济就是消费性的，而非生产性的，必定缺乏就业机会。即使农民进入县城买房，县城也不是农民可以安居之地。他说："一个农户家庭，如果年轻子女为教育而在县城买房，并不得不在县城居住，这个农户家庭就更加没有能力将留守农村的父母接到城市安居，也就更加需要有年老父母提供农业剩余的支持。农民在县城买房不是降低了农业对农民家庭的重要性，在很多时候反而增加了农业和农村对农民家庭的重要性。""中国农民进城的过程颇为复杂，并非一次性地将农村的家搬到城市去，而是在城乡之间不断地往返和试探。"[10]

以上诸位学者对县域内城乡流动的评价尽管不一，但其实都看到，要使这种流动呈现良性及可持续性，就应该发展县域产业，均衡分布县域教育资源。

农民工返县就业

2021 年 5 月 11 日，第七次全国人口普查结果公布。在第七次全国人口普查（以下简称“七普”）数据中，我们发现全国部分省份一些区县的常住人口与 10 年前（即 2010 年第六次全国人口普查）相比，出现了不同程度的增长。应该说，全国各大中城市下辖的区，随着工业化、城市化推进，其常住人口的增加是合乎常理的，这次公布的“七普”数据事实上也证明了这一点。

从全国情况看，2010—2020 年，人户分离人口增长 88.52%；2020 年全国流动人口 3.758 2 亿人，与 2010 年比，流动人口规模增加 1.543 9 亿人；由农村向城市流动的人口为 2.49 亿，占全部流动人口的 66.26%，比 2010 年提高 3.06 个百分点。在全国人口流动仍以农村向城市流动为主，并且人口流动的速度及规模远甚于 10 年前的情况下，全国 2 000 多个县应该首当其冲，其人口流出及常住人口的下降幅度应该最为明显，因为今天还保留县建制的地方，起码说明其工业化、城市化程度较低，非农就业机会少，大都属于农业县和农民工输出地。“七普”公布的数据显示，绝大多数远离大中城市的县，其常住人口 10 年来下降明显。但令人惊奇的是，少数远离大中城市的县，其常住人口 10 年来不降反升，如山东省菏泽市的东明县、郓城县，四川省眉山市的彭山县（2014 年改为彭山区）、丹棱县，安徽省亳州市的利辛县、蒙城县，安徽省阜阳市的临泉县等。

我们知道，在县里的常住人口中，基本上都是本地户籍人口，外来人口比例一般都是极低的。如果有的县里常住人口 10 年来不降反升，只能说明在其人口出生率维持正常的情况下，原先流出的人口正在较为明显地回流。根据我们 2021 年 7 月的现场调研，山东省菏泽市郓城县的常住人口从 2010 年的 104.07 万人增加到 2020 年的 112.09 万人，净增 8.02 万人，增幅为 7.71%；菏泽市东明县的常住人口从 2010 年的 71.11 万人增加到 2020 年的 76.10 万人，净增 4.99 万人，增幅为 7.02%。那么，农民工为什么回流？回流之后干什么？

“七普”数据还显示，市辖区内人户分离人口占城市人口的 12.97%，相当于城市中每 8 个人中有 1 人是人户分离人口。比 2010 年“六普”市辖区人户分离人口增加了 76 986 324 人，增长 192.66%，增长率远高于“五普”和“六普”之间的增长率，市辖区内人户分离人口快速增长，并成为一个重要的社会现象，不仅发生于超大城市或特大城市，而且必然与中国城市化发展进程、中小城市的急速扩张相关联。[11] 市辖区内人户分离现象严重且规模巨大，这可能与县域内城乡流动兴起及农民工回流县域的情况相关。

我们以往研究农民工回流，大都停留于农民工“返乡创业”的认识上。其实，能够“返乡创业”者，大多属于在外创业有成的成功人士，其在农民工中是凤毛麟角。少量的“返乡创业”者不可能是县域常住人口增长的主要构成者。为了进一步了解有些县域10年来常住人口增长的情况，我们于2021年7月赴山东省菏泽市东明县和郓城县进行调研。

20世纪90年代，菏泽市地方政府组织劳务输出，一般是到苏南进城打工。自2015年开始，菏泽市人社部门联合县区、乡镇政府，先后在北京、上海、广州、深圳等各大城市建立38家市级返乡创业服务站、213家县级返乡创业服务站，建成了覆盖全国省会城市和发达地区的返乡创业服务网络。据菏泽市人社部门统计，截至2021年2月，全市累计实现返乡创业就业30.1万人。我们在东明县、郓城县了解到的情况是，返乡者中返乡创业的是少数，绝大多数为返乡就业者，而且返乡就业并非就是由返乡创业带动的。近年来，菏泽市借着“棚户区改造重点市”的政策，在县域内大兴土木，县城房地产业发达，县城里已完工和正在施工的楼盘随处可见，东明县尤甚(因为东明县还有黄河滩区居民迁建工程)。在外打工学得一技之长的农民工陆续回流，不是“返乡创业”，而是“返乡务工”，主要在县域内从事建筑、室内装修、水电安装、餐饮等工作，以及受雇于农业服务公司操作农业机械成为职业化农业工人、受雇于农业龙头企业成为季节性散工等。这些“返乡务工”者的年龄大多为40～50岁。

农民工返乡在县域就业，其就业机会、就业天数及就业所得一般少于农民工输入地。那么，究竟还有什么因素推动农民工回流？

县域内非农就业与在家农业就业的结合

中国小农户的生计模式大体上是“农工相辅”的。传统是“以工补农”，农业为家庭主要收入来源，农闲时从事手工业补充收入。改革开放以来，则演变为“以农补工”，这又分为两种情况：一是年轻人常年外出打工构成家庭收入的主要来源，老年人在家从事农业补充收入；二是农闲时外出打工构成家庭收入的主要来源，农忙时回家收种（家里没有老人）补充收入。这都属于黄宗智先生所谓的制度化了的“半工半耕”，即务农人口普遍处于土地过少而引起的“不充分就业”或“隐性失业”状态，不得不同时依赖低收入农业和低收入临时工，以部分家庭成员出外打工的“半工半耕”方式来维持生活需要。[12]黄宗智等随后又强调农业本身的经济潜力，因为他研究发现，中国农业今天正处于三大历史性变迁的交汇所赋予的契机之中，结果将是农业劳动人员人均劳动以及收入的提高。“在今后10～25年中完全可以改善长时期以来的农业劳动力过剩和低收入问题，使农业本身能够为务农人员提供充分就业的机会和小康的生活水平。”[13]黄宗智先生预测的美好前景可能尚未实现，但目前的确也发生了一些积极的变化，即小农户“以农补工”的生计模式没有变化，变化的是打工的地点，就是从离家外出打工的“半工半耕”模式变为居家县域内打工的非农就业与在家农业就业结合模式。

山东省菏泽市东明县和郓城县两县相邻，都是农业大县，都是连续三年产粮超20亿斤的“超级产粮大县”，部分农民对农业还保留着传统的感情。按当地人的说法，农民有惜地观念，认同“藏粮于地，藏粮于技”，认为土地流转风险大，不乐意将土地流转出去。有的老百姓还有在家储粮的习惯，农户还有粮囤，认为只有把粮食掌握在手里才安全可靠，尽管现在已经有了面向农户的可储可卖、先储后卖（吃不完的话）的“粮食银行”。

我们在东明县和郓城县了解到，农民对土地的处置，除了自耕和土地流转两种形式，还有土地托管。近年来，因为粮价波动较大，农民及新型农业经营主体都更倾向于土地托管。我们在东明县、郓城县农业农村局调研座谈会上了解到，东明县大概50％的土地为农民自耕，25％的土地流转，25％的土地托管；郓城县大概20％的土地为农民自耕，50％的土地流转，30％的土地托管。值得指出的是，自耕并不意味着农业成为家庭收入的唯一来源，选择自耕也不妨碍其利用农闲就近打工。常年外出打工的家庭往往选择土地流转，返乡务工的家庭往往选择土地托管。

所谓土地托管，其实就是农业生产环节外包。目前给当地农户提供土地托管服务的主要是由县供销社创办的为农服务中心，还有号称全国最大的农业生产服务组织金丰公社。金丰公社的定位是“现代农业服务方案定制中心”，其向托管方许诺（每亩）“多打 200 斤，多收 200 块”。我们在郓城县随官屯为农服务中心调研时了解到，该中心服务辐射周边三个乡镇，面向专业合作社、家庭农场、种粮大户等新型农业经营主体和广大小农户，开展以小麦、玉米为主的耕、种、管、收、售等“菜单式”土地托管服务，实现统一农资供应、统一耕作标准、统一销售加工、统一机种机收、统防统治、统一粮食烘干销售的运作模式。

托管还分半托管和全托管。以小麦生产为例，共有犁地、播种、浇地、施肥、喷药除虫、收割、烘干入库七个生产环节，只要有三个生产环节外包，就算托管。当然，自耕与土地托管之间的区分也不是那么清晰，比如，即使自耕，也不排除某些季节将某些生产环节外包。还有，同一块地，种玉米时采取托管，种小麦时则可能自耕，因为小麦的品种较多，选择性大，不利于为农服务中心统一销售。总之，农民可以非常灵活地根据实际情况安排土地利用的方式。

而事实上目前还没有严格意义上的全托管，即使是托管，仍然带有自耕环节，因为浇地这个环节还是不能外包，还得靠农户自己，这并非农业公司不愿意接受浇地环节的托管，而是农户认为浇地是细心活、良心活，无法标准化。浇地是小麦生产中最为关键的环节，如果在小麦抽穗灌浆期没有浇透地，那必将直接导致减产。流经东明县的黄河以前是“悬河”，非常便于引黄漫灌。小浪底水利枢纽工程建成后，可以从上游放水冲刷下游淤积的河床，河床一般降低了 3～4 米，无法再漫引黄河水灌溉。东明县农业农村局领导介绍说：“以前超 2 000 流量就能漫滩，现在 5 000 流量还上不了。”东明县、郓城县现在已全部改为机井灌溉，大型机井附属于高标准农田建设，一个机井可以管 50 亩地，凭卡有偿提水浇地。因为浇地由无偿漫灌变成有偿提灌，如果将之外包给农业服务公司，就非常有可能被偷工减料浇地不透，所以农户无一例外都是自己浇地。

而上述客观情况的存在，决定了返乡务工者采取了县域内非农就业与在家从事部分环节农业生产相结合的生计模式。在这种生计模式下，与其说农民是往返于城乡，不如说农民是以家为中心，在县域内就业。

根据国家统计局公布的农民工监测调查报告，2010—2019 年农民工平均月工资从 1 690 元增长至 3 962 元，10 年间增长了一倍多。农业规模经营者的收入增长速度低于城市务工劳动者的工资收入增长速度。如果在农村的以家庭劳动为主的农业规模经营者对收入的预期是以城市务工劳动者的工资收入作为参照，那么，这是不是意味着越来越多的农业规模经营者离开农村和农业，加入外出务工的队伍？我们从菏泽市东明县和郓城县的情况看，事实是返县务工的人越来越多。其中的原因在于，即使我国已经形成了城乡统一的劳动力市场，但流动于其中的劳动力并非均质化，他们所做的理性选择，可能有的偏重于现金收入，有的偏重于在可及范围内随时兼顾家庭。更为重要的是，他们在家并非从事规模化农业，而是将农业不同程度地托管，然后在县域范围内的二三产业中务工。

县域一二三产业如何融合发展

党的十九届五中全会审议通过的《中共中央关于制定国民经济和社会发展第十四个五年规划和二〇三五年远景目标的建议》，在“优先发展农业农村，全面推进乡村振兴”部分，专门强调要“发展县域经济，推动农村一二三产业融合发展，丰富乡村经济业态，拓展农民增收空间”。究竟如何推动一二三产业在县域之内融合发展？我们可以郓城县为例加以探讨。

郓城县是山东省省级现代农业产业园示范县，共有农业龙头企业 203 家，其中国家级 1 家、省级 8 家，拥有省级农产品知名品牌 6 个、知名商标 1 个。我们调研了两家一二三产业融合发展的农业龙头企业——绿禾农业综合开发有限公司和华宝食品股份有限公司。其发展过程反映出如下共性：从第一产业开始积累资金，扩大投资形成规模化生产之后，为了抵御初级农产品的价格波动风险，不得不在第一产业的基础上发展出第二产业。第二产业投资大，但可以起到规避市场风险的作用。第三产业的发展相对不是那么急迫，可以量力而行，如果资金充裕，则投资扩大产业链。

绿禾农业综合开发有限公司创立于 2014 年，通过土地流转，办育苗场、养猪场、食用菌场、蔬菜大棚。公司也接受农户的土地托管，成立合作社，招聘当地职业化农民耕作。随着生产规模扩大，公司投资兴建冷藏库，一旦初级农产品市场价格低落，就安排入库冷藏。公司随后发展出主要面向县域内中小学校的中央厨房、冷链配送业务，主要利用本公司种养的农产品，加工成盒饭快餐，每份三菜一汤包括米饭共 10 元。中央厨房的工人从早上七点上班到上午十点半下班（回家照料老幼），每天生产能力可以达到十万人份。在上班时间内，每个工人可以做出 100 份快餐。为了保证新鲜及保温，送餐车辆从中央厨房到各中小学校控制在两小时之内，而这样的车程半径基本上可以覆盖县域范围。现在，绿禾农业综合开发有限公司又开始建立绿禾养老院，目的是“把一老一少管起来”。绿禾农业综合开发有限公司董事长兼党委书记张庆涛说“做养老是为了扩大绿禾品牌”，他看重老年人的正面评价，因为老年人的正面评价将带动地方社会的正面评价。绿禾农业综合开发有限公司从第一产业延伸出来的第二、第三产业内容，都是基于县域内社会（市场）的真实需求，扎根县域成为其重要的经营理念。这对以农业为在地经营内容的企业来说，应该具有一定的共性。

华宝食品股份有限公司也是郓城的一家省级农业龙头企业，该公司从办养猪场起家，积累资金后建立屠宰厂。后因猪肉的市场价格波动较大，公司不得不向银行贷款建起冷冻库。如果猪肉价格低到让养殖毛猪亏本的地步，就在屠宰后暂时将猪肉入库冷冻，以避开价格低谷期。因为冷冻肉价格明显低于鲜肉，一般不会轻易将鲜肉入库。华宝食品公司也有自己的冷链物流，现宰现配送，配送的半径范围不超过200千米（半径范围太大，配送时间太长，就无法保证猪肉新鲜）。因为消费者不喜欢冷冻猪肉，屠宰量受制于配送半径范围内单日市场需求量，所以屠宰行业的单厂产量一般都不大。但市场对猪肉的消费存在季节的差异，夏季消费量小，冬季消费量大。如何在屠宰厂日产量有限的情况下满足旺季的市场需求，这就需要靠冷冻库的储存来解决。华宝屠宰厂夏季日产量的85%为鲜肉供应，15%入冷冻库储备。可见，建冷冻库的目的，一是可以规避养猪业的市场风险，二是可以调节猪肉市场需求的季节性差异。华宝食品股份有限公司目前也开直营店，试图用足屠宰厂的产能，将猪肉做各种深加工，扩展销售方式，延长肉类保质期。华宝食品股份有限公司经理形象地总结道：一产起家，二产发家，三产看各家（即根据各企业情况量力而行）。

可见，县域一二三产业融合发展自有其模式和逻辑，即从种植业、养殖业起步，资金累积到一定程度后，根据保鲜所要求的配送半径范围内的市场需求量，立足于县域发展，建立保鲜库或者冷冻库。从第一产业发展到第二产业最为困难，也最为关键。这个过渡实现不了的话，第一产业的经营就会充满市场风险，就会存在发展过程中无法突破的瓶颈。这个过渡完成后，就可以主动、从容地决定发展第三产业的节奏与规模。县域一二三产业融合发展的主要特点就是小规模起步，小切口进入，小尺度在地化发展。只有这样，才能真正实现在地融合发展。这不同于大张旗鼓引入大资本进行大规模开发、大幅度炒作，结果可能大进大出、大起大落的流行商业模式。

县域一二三产业融合发展固然有其模式和逻辑，但它的出现是需要具备一定条件的，此条件只有在一定阶段方可存在。也就是说，县域一二三产业融合发展并非完全是地方政府或者企业自身规划的结果，而是地方社会经济发展到一定阶段的产物，是一系列因素交汇出现的结果。

那么，所谓一定的条件和一定的发展阶段到底指什么？我们大概可以作这样的表述：在地农业龙头企业资金积累到可以进行第二产业创业之际，恰逢县域内乡村空心化趋势基本得以扭转，常住人口不降反升，县域内交通条件大为改善，县域务工与在家农业兼业的生计模式得以实现，由种养业发展起来的二三产业工人本地化，县域农副产品市场需求量稳健增长，在地农业龙头企业新鲜农产品覆盖县域市场。其实，与其说这是县域一二三产业融合发展需要具备的条件，不如说这也是县域一二三产业融合发展的表现或结果。事实上，这些因素之间是相辅相成的，构成了打破空心化恶性循环，并超越空心化的力量。当然，还有一个重要的事实不容忽视，就是这一切是发生在一个农业大县和人口过百万的大县的县域范围内，而非发生在一个乡镇或一个人口小县的范围内。

内发型发展及适当的区域范围

日本上智大学鹤见和子教授以主张“内发型发展”著称，她重视传统在内发型发展过程中的重要作用，强调发展过程必须以“地区”为单位，基于“地区”的资源与传统，但“地区”的规模不能太大，“‘规模小’之所以重要，是因为只有在这种条件下，居民本身才有可能对生活与发展决定采取什么样的方式”；同时，她强调内发型发展也需要引入外部要素，与现代化模式相辅相成。[14]鹤见和子还撰写长文《内发型发展论的原型——费孝通与柳田国男的比较》，而费孝通对鹤见和子对于他思维的解释并没有提出异议。从中可以认为，费孝通和鹤见和子的共同理论便是“内发型发展论”。费孝通先生也自认为其关于小城镇发展的看法“很可能与日本鹤见和子教授的‘内发型的发展论’有相通之处”[15]，因此邀请鹤见和子于1982年至1984年共同考察了江苏省城乡发展。他们注意到江苏小城镇人口增长迅速，因此重点了解小城镇及社队企业的发展路径问题，并以内发型发展的视角加以研究。

费孝通先生在考察20世纪80年代的苏南模式时，认为苏南模式也是脱胎于传统模式的。这里的传统模式包括两种：一是传统的大家庭模式，二是人民公社时期的“一大二公”模式。也就是说，大家庭模式、“一大二公”模式、苏南模式，这三种模式是一脉相通的。“我想说在苏南模式中的社区所有制在一定意义上也是家庭所有制的发展。公社和生产队一般都认为是社会主义时期的新事物，在历史过程中确是应当这样认定的。但是如果再一想，为什么公社这个制度能这样容易为中国农民所接受，而且运行了二十多年？过去很少人敢于提出这个问题，但是我想是值得加以思索的。在生产队的具体运作中，我看到了传统大家庭的影子。一大二公，何尝不是大家庭甚至推而广之到一个家族的指导思想？家长做主，统一指挥，有福同享，有难同当，又岂不是一个家庭或家族的根本组织原则么？从这个角度去看，社队企业的发生，它的经营方式，招工和分配原则，无处不能从传统的大家庭模式里找到对应。”[16]费孝通还说：“苏南的乡镇工业模式是在公社集体经济的底子上出现的，依靠农业集体的积累，再加上外界的条件，如城市的技术、设备的支持，从而产生出有自己特色的经济发展模式来。”[17]

鹤见和子讲“内发型发展”时只是说“不把整体社会当作内发型发展的单位，而是通过对地区的限定”，她并没有说这个限定的地区的规模究竟有多大。当鹤见和子与费孝通以“内发型发展”视角一起考察 80 年代苏南社办企业时，他们显然是把乡镇（公社）作为“内发型发展”的地区范围。

费孝通先生特地提及人民公社时期的“一大二公”模式与 80 年代社办企业的相通性，可以说，他也在一定意义上将人民公社视为“内发型发展”的一个阶段、一种形式。关于这一推断，我们从鹤见和子对新中国成立前夕费孝通的去留选择的描述中也可以得到某种印证。1948 年 12 月，费孝通本可以选择去中国台湾或者赴英国、美国，但他选择了继续留在清华大学工作，并于 1949 年 10 月在北京迎来了中华人民共和国的成立。鹤见和子引述道：“1948 年 12 月间还在北京的雷德菲尔德夫妇对当时费孝通的心情是这样说的：‘一向乐观和勇敢的费孝通，那时担心的是能否同共产主义者一起有效地工作……费孝通曾告诉我们说，他觉得有关发展中国工业和农业的见解，他同新政权的利害关系基本上是一致的。他认为，如果能够度过过渡时期，他就能够为中国继续发挥一些作用，也许能够为中国干出一番事业。’”[18]鹤见和子的意思是，费孝通似乎了解中国共产党关于工业和农业发展的思路，并预见到新中国成立之后中国共产党将绘制一幅怎样的蓝图，费孝通期待并相信新中国工农业的发展道路将与内发型发展路径相近，即工农联盟，工农业协调发展，工业化是在地的，不是以破坏农村和农业为代价，由此走出一条不同于西欧的工业化道路。

如果我们能够以内发型发展的视角看待人民公社的实践探索，并将其视为中国社会传统传承过程中承前启后的一个阶段，那么，我们就可以看到人民公社事实上是试图在“地区”的小规模范围内实现工农业协调发展。1958 年 5 月 19 日，陆定一同志在中共八大二次会议发言时说：“毛主席和少奇同志谈到几十年以后我国的情景时，曾经这样说，那时我国的乡村中将是许多共产主义的公社，每个公社有自己的农业、工业，有大学、中学、小学，有医院，有科学研究机关，有商店和服务行业，有交通事业，有托儿所和公共食堂，有俱乐部，也有维持治安的民警等等，若干乡村公社围绕着城市，又成为更大的共产主义公社。”[19] 1958 年 7 月 1 日《红旗》杂志第 3 期发表题为《全新的社会，全新的人》的文章，明确提出“把一个合作社变成一个既有农业合作又有工业合作的基层组织单位，实际上是农业和工业相结合的人民公社”。1961 年 6 月颁布的《农村人民公社工作条例（修正草案）》第十二条规定：“公社管理委员会根据需要和可能，可以有步骤地举办社办企业。社办企业，除了用国家贷款举办的以外，可以由公社单独投资举办，可以由公社和大队共同投资举办，也可以由几个公社联合投资举办。”但在人民公社要不要举办社办企业问题上，中央显然有过政策上的反复，如 1962 年 9 月重新颁布的《农村人民公社工作条例（修正草案）》第十三条的规定基本上是对一年前颁布的《农村人民公社工作条例（修正草案）》第十二条内容的否定，该条规定说："公社管理委员会，在今后若干年内，一般地不办企业。已经举办的企业，不具备正常生产条件的，不受群众欢迎的，应该一律停办。需要保留的企业，应该经过社员代表大会讨论决定，分别情况，转给手工业合作社经营，下放给生产队经营，或者改为个体手工业和家庭副业；个别企业，经过社员代表大会同意，县人民委员会批准，可以由公社继续经营，或者下放给生产大队经营。""公社经营的企业，都应该直接为农业生产和农民生活服务，都不能妨碍农业生产和增加社员负担，也不能影响国家对农产品的收购任务。"但到了 1966 年 5 月 7 日，毛泽东重新作出重要指示，要求全国各行各业都要办成"一个大学校"，"学政治、学军事、学文化、又能从事农副业生产。又能办一些中小工厂，生产自己需要的若干产品和与国家等价交换的产品"。直到 1975 年 10 月 11 日，《人民日报》在头版头条发表题为《伟大的光明灿烂的希望——河南巩县回郭镇公社围绕农业办工业、办好工业促农业的调查》长篇报道，同时在头版配发题为《满腔热情地办好社队企业》的评论，评论指出："回郭镇公社的社队企业显示，它不仅为壮大集体经济，加速实现农业机械化创造条件，而且对于缩小三大差别、加强工农联盟、巩固无产阶级专政也有极为深远的意义。”

事实上，巩县社办企业的发展并未中断，而是贯穿改革开放前后。当然，改革开放后巩县的社办企业获得了进一步的发展。1992 年，我在河南开封参加一个学术会议，会议主办方特地安排与会者去巩县（时已改名为巩义市）考察乡镇企业（即社办企业）。2020 年，巩义市入选中国工业百强县（市），这也是在地工业化具有强韧生命力的表现。我们似乎可以说，费孝通先生关注的大家庭模式、“一大二公”模式、苏南模式（乡镇企业），这三种模式不仅在传统上一脉相通，而且在发展过程中也是先后继替，源远流长。在此意义上，将 20 世纪 80 年代的乡镇企业说成异军突起的新鲜事物，显然并不贴切。

如果我们将一个公社、一个乡镇作为实现内发型发展及在地工业化的区域范围，那么，随着某些发展条件的改善，这个区域范围会不会扩大？是否需要扩大？这是鹤见和子与费孝通当时没有讨论的问题。关于这个问题，我们不妨看一看毛泽东对人民公社规模的思考。

1955 年，毛泽东在《中国农村的社会主义高潮》一书的按语中说：“现在的小社和初级社，对于充分地利用劳动力和诸种生产资料，还是一种束缚。到了办大社和高级社的时候，就可以冲破这种束缚，而使整个生产力和生产向前发展一大步。那时候，更加需要发展多种经营，发展为城市和为乡村服务的许多大规模的事业。”[20]小社和初级社的规模小，大社和高级社的规模大，这意味着可以在较大范围内进行分工和分业。人口、生产资料规模及地理空间范围越大，分工就越有必要，分工也可以越细化，提供的劳动岗位就越多，就业及对生产资料的利用就越充分，效率也越高。毛泽东进一步说："有些地方，合作化以后，一时感到劳动力过剩，那是因为还没有扩大生产规模，还没有进行多种经营，耕作也还没有精致化的缘故。对于很多地方说来，生产的规模大了，经营的部门多了，劳动的范围向自然界的广度和深度扩张了，工作做得精致了，劳动力就会感到不足。这种情形，现在还只是在开始，将来会一年一年地发展起来。农业机械化以后也将是这样。将来会出现从来没有被人们设想过的种种事业，几倍、十几倍以致几十倍于现在的农作物的高产量。工业、交通和交换事业的发展，更是前人所不能设想的。科学、文化、教育、卫生等项事业也是如此。”[21]毛泽东非常看重“大社”之“大”的优越性，因此他认为不能长期停留于半社会主义的小型合作社上，而必须创立“人民公社”。毛泽东说“人民公社好”并非笼统指其“大”“公”，而是指其因为“大”，才能在较广阔的空间范围内扩大生产规模，才能深化在农民组织化（而非市场化）基础上的分工与协作，才能发展出多种经营，才能较大量吸纳农村劳动力；因为“公”，才能使农业、工业、商业、交通、科学、文化、教育、卫生事业在广大的农村区域范围内得到高度协调、深度融合、合理布局和发展。如果不“大”不“公”，便不可能把工、农、商、学、兵结合在一起，也不便于领导。

如果我们把当年人民公社的空间范围（乡镇）扩大为县域，就可以看到其立足在地开展多种经营，工农商学兵并进，缩小工农差别、城乡差别的主张，与今天以县域为单位的乡村振兴战略具有内在关联。在交通条件大幅度改善、生产要素加速流动、人流物流的距离成本大为降低的今天（即毛泽东在《中国农村的社会主义高潮》一书按语里说的“工业、交通和交换事业的发展，更是前人所不能设想的”），能够在地融合一二三产业发展所需要的单位空间，是应该并且也可以从当年人民公社的乡镇范围（所谓“一大”）扩大到更大的县域范围。

2021年中央一号文件明确提出以县域为单位构建现代乡村产业体系，立足县域布局，以县（市、区）为单位创建农村一二三产业融合发展示范园区，把产业链主体留在县城，让农民更多分享产业增值收益，把县域作为城乡融合发展的重要切入点。我们认为，要达到这样的发展目标，只有内发型的发展才可以实现。因为如果引进外部大资本、大项目到县域发展，当地农民只能成为出卖劳动力的普通打工者（外来大企业甚至不愿意招本地工，担心管理上的麻烦），不可能分享到产业增值收益；县域只能成为生产基地或原材料供应地，该项目的产业链主体不可能留在县城。只有致力于内发型发展，方可建构比较良性的工农关系和城乡关系，降低乡村空心化程度。可以说，费孝通先生关注的大家庭模式、“一大二公”模式、苏南模式（乡镇企业）的相通之脉——内发型发展，是可以延伸到今天的县域乡村振兴战略的。

结论

已有关于县域城乡间流动的研究，大多是从家庭策略选择的角度开展的，或是因家庭教育需求，或是因家庭婚嫁需求而不得不到县城租房、购房，安一个“在空间上撑开的家庭”。县域城乡间的这种流动是点对点（老家与县城）的流动，县城只是教育消费或者住房消费的场所，其实质不过是一个微缩版的城乡不平等关系图，难以由此展开我们期待中的县域乡村振兴画卷。

山东省菏泽市东明县、郓城县 10 年来常住人口增长的背后，让我们看到县域一二三产业融合发展的迹象及初步的积极社会效应，这个局面是多种因素在较长时段的发展过程中演变交汇形成的，并非地方政府一时规划或者企业果断决策的产物。如果要归因的话，大概应该归因于立足县域诸种资源的内发型发展。真正能够在县域实现一二三产业高度融合发展的，一定是整合了在地诸种资源的扎根的、可持续的内发型发展。

在这样的发展格局中，县域城乡间流动就不仅仅是县城与乡村老家之间的点对点的流动，而且是县域全域性的生产要素的流动与整合，这才是有望超越空心化的县域乡村振兴的起步。

注释

①吴重庆．“界外”：中国乡村“空心化”的反向运动．开放时代，2014（1）.

②吴重庆．“同乡同业”：“社会经济”或“低端全国化”？．南京农业大学学报（社会科学版），2020（5）.

③费孝通．城乡联系的又一面//费孝通．费孝通文集：第5卷．北京：群言出版社，1999：512.

④卢晖临，粟后发．迈向扎根的城镇化：以浏阳为个案．开放时代，2021（4）.

⑤朱晓阳．“乡—城两栖”与中国二元社会的变革．文化纵横，2018（4）.

⑥白美妃．撑开在城乡之间的家：基础设施、时空经验与县域城乡关系再认识．社会学研究，2021（6）.

⑦董磊明，张徐丽晶．进城购房、城乡延展与乡村“溶解”：江苏湖村农民城镇化的实践分析．开放时代，2020（4）.

⑧董磊明在2021年3月13日“双循环新发展格局下的城乡社会学：经验与理论”云端学术论坛的发言．

⑨叶敬忠．作为治理术的中国农村教育．开放时代，2017（3）.

⑩贺雪峰．农民进城与县域城市化的风险．社会发展研究，2021 (3).

⑪周皓．中国人口流动模式的稳定性及启示：基于第七次全国人口普查公报数据的思考．中国人口科学，2021 (3).

⑫黄宗智．制度化了的“半工半耕”过密型农业（上）．读书，2006 (2)；黄宗智．制度化了的“半工半耕”过密型农业（下）．读书，2006 (3).

⑬黄宗智，彭玉生．三大历史性变迁的交汇与中国小规模农业的前景．中国社会科学，2007 (4).

⑭鹤见和子，胡天民．“内发型发展”的理论与实践．江苏社联通讯，1989 (3).

⑮鹤见和子．内发型发展的原型：费孝通与柳田国男的比较//费孝通，鹤见和子，等．农村振兴和小城镇问题：中日学者共同研究．南京：江苏人民出版社，1991：39 - 102.

⑯费孝通．对中国城乡关系问题的新认识：四年思路回顾//费孝通，鹤见和子，等．农村振兴和小城镇问题：中日学者共同研究．南京：江苏人民出版社，1991：7.

⑰费孝通．小城镇研究的新发展//费孝通．费孝通文集：第十卷．北京：群言出版社，1999：171.

⑱同⑮.

⑲薄一波．若干重大决策与事件的回顾（修订本）：下卷．北京：人民出版社．1997：757 - 758.

⑳毛泽东．毛泽东文集：第六卷．北京：人民出版社，1999：461.

㉑同⑳458.

［原刊《南京农业大学学报（社会科学版）》
2021年第6期］

第八章　乡村社会治理中的危机与生机

从熟人社会到“无主体熟人社会”①

费孝通先生曾把中国农村称为“熟人社会”，他说，乡土社会在地方性的限制下，成了生于斯死于斯的社会……这是一个熟悉的社会，没有陌生人的社会。在“熟人社会”里，血缘和地缘合一，所谓沾亲带故或者非亲即故，其自然地理的边界和社会生活的边界都是清晰的，往往也是重叠的，属于封闭的社会空间。熟人社会的社会结构是“差序格局”，行事注重亲情和礼俗规约，但讲究亲疏远近有别。

熟人社会的行为逻辑包括：

第一，舆论压人。

在熟人社会里，彼此抬头不见低头见，频密的互动带来信息的对称状态，因此，舆论的发生与传播总是快速而广泛，所谓“一传十，十传百”。熟人社会里的所谓“民风淳朴”，与其

① 本节原刊于《读书》2011 年第 1 期。

说是个体自觉践履道德规范的产物，毋宁说是熟人社会里道德舆论压力的结果。试想一想，如果社会生活的流动性极低，人们便不可能轻易脱离日常熟悉的人际圈，便不得不考虑某种非道德行为发生后来自众多乡里乡亲的谴责。因此，人们历来都把“兔子不吃窝边草”奉为金科玉律，就是为了规避来自封闭的社会空间里的道德舆论压力及其不良后果。

第二，“面子”有价。

不同于“陌生人社会”的无情冷漠，熟人社会充满人情味，人们好面子。“树活皮，人活脸”，许多人“死要面子”“死撑面子”“打肿脸充胖子”，可见“面子”的重要性。为什么“面子”值钱？因为在封闭的社会空间里，社会资源有限，要有所作为，就需要“有头有脸”。“面子”的获得来自道德舆论对个体行为的肯定性评价，一个对“面子”孜孜以求的农民可以因此获得其争取到的社会资源——他人对自己的赞誉、信赖及必要时的扶助，所以“面子值千金”。费孝通先生说，“中国乡土社会采取了差序格局，利用亲属的伦常去组合社群，经营各种事业”。在貌似温情脉脉的熟人社会中，熟人社会里的人际行为事实上是一种社会交易行为，个体通过认关系、拉关系、套关系获取社会资源，并以“回报”作为人情法则的基础。

第三，社会资本可累积。

美国社会学家詹姆斯·S. 科尔曼（James S. Coleman）在

谈到各种“社会资本”（social capital）的特征时指出，它们为结构内部的个人行动提供便利，社会资本是生产性的，是否拥有社会资本，决定了人们是否可能实现某些既定目标。在一定意义上讲，熟人社会里每个个体所拥有的“关系”，就是他的“社会资本”。在熟人社会的地理边界和社会边界固定且重叠的情况下，彼此长期互帮互助，并且在有力的道德舆论的约束和正向激励下，“面子”和“关系”如滚雪球般越滚越大，社会资本也随之积累和再生产，甚至可以实现代际的承接和转换。因此，才有村民长期信任的民间权威出现，有的民间权威还父传子，类似世袭。

自 20 世纪 80 年代以来，中国农民的人均收入逐年提高，但农村社会却在不断解体。大量农村劳动力常年离土离乡，农村日趋空心化。中国农村人口如此大规模的外流，可谓史无前例。

2010 年 3 月 23 日，国家统计局农村司的监测调查报告指出，2009 年度全国（大陆地区）农民工总量为 22 978 万人，比上年增加 1.9%。2009 年全国外出从业 6 个月以上的农民工为 14 533 万人，在本乡镇以内从业 6 个月以下的本地农民工为 8 445 万人。全国 2.3 亿农户，户均劳动力外流 1 人，40 岁以下男劳力基本全部外出。另外，根据 2006 年第二次全国农业普查的数据，2006 年全国农村劳动力为 4.79 亿人。可见，已有近一半的农村劳动力离土离乡。在中国的大多数乡村，春节一过，绝大多数青壮年纷纷背上简单的行囊，踏上远赴他乡打工谋生的行程。在平常的日子里，乡村的景象依然，但屋在人去，唯有老幼留守家园，他们孤单的身影愈益衬托出乡村的冷清寂寥。因为劳动力外流严重，有的乡村甚至在村中老人去世后凑不齐抬棺材的青壮年。根据我的田野调查统计，山区及经济不发达地区农村外出打工者的人数一般在户均1.5～2人，余下的人并不是因为他们依恋乡土，而是因为身残体弱或一时找不到离土谋生的途径。

在农村大量劳动力离土离乡之后，熟人社会的行为逻辑是否还在运作？我试图以“无主体熟人社会”（baseless society of acquaintance）这一自创概念，描述并解释中国农村空心化之后的社会生活。

“无主体熟人社会”是在“熟人社会”这一概念的基础上提出的。同时，也受到贺雪峰在研究村民委员会选举时提出的“半熟人社会”的启发。但“半熟人社会”揭示的是与“熟人社会”之间的量（熟识程度）的差异，其解释力表现在村民委员会选举这一特定事项上；而“无主体熟人社会”是为了揭示与“熟人社会”之间的质的变化，并试图解释空心化农村的社会运作逻辑。

美国社会学家帕森斯（Talcott Parsons）的“社会系统”理论认为，具备足够数量的行动者作为系统的组成部分，乃是社会系统内部整合及社会系统和文化模式之间整合的必要条件之一，否则，便有可能无法维持系统的均衡而呈现“病态”。乡村虽然还是聚居社区，邻里之间虽然还是低头不见抬头见的老熟人，但种种迹象表明，目前乡村大量青壮年劳动力常年的异地化生活，已导致乡村社会的日常生活运作有异于“熟人社会”的逻辑，或者说已日渐呈现帕森斯所谓的“病态”。我把此“病态”的熟人社会称为“无主体熟人社会”。

之所以把青壮年大量离土离乡后的农村社区称为“无主体熟人社会”，是因为青壮年乃农村社区里最为活跃的成员，是家庭的顶梁柱，是社区公共事务的参与者以及利益冲突的当事人。在经历历次冲击之后，老人的传统权威式微，青壮年日渐成为农村社会生活的主体。大量青壮年在农村社区的长期不“在场”，构成了农村社会主体的失陷。

“无主体熟人社会”具有哪些不同于“熟人社会”的特征？

第一，舆论失灵。

如上所述，熟人社会的行为逻辑首先有赖于道德舆论压力。我们知道，舆论压力的形成，又有赖于一定数量的生活共同体成员口头传播中的舆论放大效应，只有“一传十，十传百”，才会产生“唾沫淹死人”的舆论效应。如果舆论的传播仅仅“一”止于“十”或者无人可传播，则当事人可能将舆论视为“耳边风”，乃至胆大妄为，“如入无人之境”。

在“无主体熟人社会”里，由于农村社会的主体成员大量缺席，自然村落范围的道德舆论便难以形成“千夫所指”“万人共斥”的“同仇敌忾”式的压力。于是，在“无主体熟人社会”里，出现了一种令人无可奈何的现象：在家种地的媳妇苛待年迈的公婆，老两口在忍无可忍之际向远在他乡的儿子诉苦；而年关临近，儿子与其他青壮年一道回家过年，媳妇又一反常态，中规中矩地奉敬行孝，儿子一头雾水，往往责怪起自己父母。我们可以指责“媳妇”虚伪之至，但事实上，“媳妇”的行为变化又是有章可循的——其行为的“道德”含量总是与其面临的道德舆论压力成正比，而道德舆论压力又与舆论传播者的数量成正比。

第二，“面子”贬值。

说行为的“道德”含量总是与行为主体面临的道德舆论压力成正比，其所预设的前提是：每个人都是要“面子”的。可以说，“熟人社会”里的人群越是众多，一个有“面子”的人所缔结的有效人际关系网络就越是宽广，“面子”就越是具有扩张和增值的能力。在熟人社会里，你敬我一分，我敬你两分，大家无非图个“面子”。给别人“面子”，事实上也是对别人抱有“回报”的期待。但在“无主体熟人社会”里，由于构成社会主体的中青年大量长期不在村，农村社区成员锐减，在在村的村民看来，“面子”的效能难以扩展，其“含金量”明显偏低，因此鼓励了只顾眼前利益的“不要脸”的“一锤子买卖”，所谓“树没皮必死无疑，人没脸天下无敌”。为蝇头小利而不惜撕破“脸面”大打出手，为宅基地而寸土必争、绝情断义……目前中国乡村出现的大量纠纷（如宅基地和水利纠纷）的深层原因，都可以从“无主体熟人社会”的行为逻辑中得到部分解释。

第三，社会资本流散。

随着大量青壮年劳动力外出打工，“无主体熟人社会”里的社会边界是流动而模糊的，青年人已经与外部世界建立了各种具有实用价值的“朋友”网络。从村民的人际关系的密切程度看，较为普遍的情况是，姻亲关系超过了血亲关系，而“朋友”关系又胜于亲戚关系。这在家庭操办喜宴的受邀来宾中，表现得最为明显。少数在外闯荡而终有所获的村人，他们根据人生“成功”程度的高低，来确定“家”的所在，比如挣够50万元者把“家”安在大城市，挣够20万元者把“家”安在县城，而挣够10万元者也要把“家”迁到距真正的家乡仅一步之遥的镇区中心所在地。这些幸运者已在乡村之外的世界体验到了“成功”的喜悦，他们已没有必要回到原先狭小的熟人社会里去争得“面子”、赢取荣光，所谓“外面的世界更精彩”。这样，乡村社区的社会资本开始外向运作，难以在社区内累积，本土的民间权威日渐没落。本来，当村民之间出现纠纷时，民间权威尚能从中从容斡旋调停，但“见多识广”的外出打工的年轻人，他们之中并没有多少人把本土民间权威的话当回事，大家互不服气，这就给黑恶势力染指乡村纠纷提供了机会——在没人能够调解的情况下，就请外来的黑恶势力来

“摆平”。

第四，熟人社会特征的周期性呈现。

之所以称为“无主体熟人社会”，不仅因为时至今日留在村里的人仍然生活在熟人圈里，还因为“无主体”的农村社会，也周期性地呈现熟人社会的部分特征。

目前农民外出打工，基本上以增加家庭收入为目的。伴随农业生产的周期性和家庭生命的周期性以及乡村节庆的周期性，打工者总是周期性地离乡与返乡，如一群候鸟，穿梭于城乡之间。村里平时冷清，但逢年过节却热闹异常。这种景象的出现，主要是由中国城乡二元结构的制度安排导致的。大的返乡周期（如家庭生命的周期）套着小的返乡周期（如乡村节庆的周期和农业生产的周期）。大的返乡周期具体指在外打工的年限，男性一般比女性多七八年；小的返乡周期具体指每隔数月回乡播种或者收割以及每年回乡过年。这中间既有黄宗智先生所谓的“半工半耕”逻辑在起作用，也有白南生先生所谓的“家庭策略”（family strategy）在起作用，即从“家庭策略”及成本收益比较的角度考虑，在以男性为中心将家庭的经济生产功能外移的时候，以女性为中心的家庭的生育、抚养、赡养功能即劳动力再生产却不便外移，女性离土离乡大多仅发生在婚前或婚后尚未生育之前，以及孩子两岁后至上学前。我们可以将此进一步归结为“男工女育”的逻辑。

农民工周期性返乡除了被动地受到“半工半耕”和“男工

女育”等生存逻辑的支配，还受到社会及文化的心理需求的驱使，这主要体现在打工者年终返乡过年的情形中。

首先是解决纠纷的需求。在正常的熟人社会里，由于每个家庭的主事者在村，加上民间权威的作用，纠纷往往得到及时化解，所谓“大事化小，小事化了”。但在乡村“主体”不在村的情况下，在村的家人之间发生的摩擦往往日积月累，等待家庭主事者返乡时解决。还有，在外打工的村人之间发生矛盾，也往往在年底时带回家乡，由双方都可以接受的第三者来调解。这是典型的“年终算总账”。我在田野调查时访谈过一位主管治安的副镇长，他说：“腊月二十至正月十五，是案发高峰期。平时村里也发生民事、宅基地和经济纠纷，但基本上都积压着，不会发展为激烈冲突，因为80%的青壮年男子常年在外，村里缺乏主角，吵不起来。年底大家回来过年了，矛盾就集中在这不到一个月的时间里总爆发，也有一些外出者在外地产生的经济纠纷等到年底拿回本村来算总账的。所以，我们一般在农历十二月一开始便着手掌握线索，根据群众汇报，分析今年会有一些什么大的案子发生，然后干部分头承包各村的治安，提前打预防针，化解矛盾。”为什么村人都选择在年终“算总账”？因为该回来的人此时都回来了，大家齐聚一堂，论理有人倾听，纠纷解决的结局有人品评，有理者因此得到交口称赞，无理者在最大范围内“丢人现眼”。这种现象表明了“无主体熟人社会”里熟人社会特征的周期性呈现。

其次是通过“夸富”寻求认同。虽然已经有人以在乡村之外的城市安家置业作为人生目标，但这毕竟只是打工者中的少数“成功人士”。对大多数平凡的打工者来说，一年一度返乡过年，正好可以向村人展示自己的“业绩”，以寻求他人对自己的认同。在人类学文献中被叫作“夸富宴”（potlatch）的现象在年关之际的“无主体熟人社会”里上演着。在熟人社会里，人们信奉“财不露眼”。但在特定时候的“无主体熟人社会”里，返乡的年轻人往往虚报一年来在外的赚钱“业绩”，以免被别人看不起。由于平时天各一方，即使是虚报，也无从揭穿。为了使个人在外打工的成功度得以量化和外在化，许多人返乡过年还忙于与他人协商宅基地，兴起盖房比赛的风气，比面积，比楼层，以财富表现个人能耐，以房子“实打实”表现财富。以夸富的形式追求“面子”，抽空了熟人社会里“面子”的道德含量，因此，只能说是部分地呈现了熟人社会的特征。

最后是通过参与年终祭祖以及元宵节等重大乡村节庆活动，激活宗族记忆，寻找次群体（如宗族）的归属感。对外出打工的村民来说，常年离乡离土，又难以融入城市，其心理漂泊感和孤独感是驱之不散的。“夸富”是为了获得他人对个人的认同，是个人之间的竞赛，它解决不了个人的归属问题。而参与与宗族相关的活动，正好可以满足个人的心理归属需求。因此，在今天的中国农村社会，尤其是在沿海地区，一方面是村民的个人意识高涨，熟人社会的特征模糊，另一方面则是宗族活动复兴的迹象明显。

“无主体熟人社会”的四个特征，显示了变迁中的中国农村社会的特性，也显示了“无主体熟人社会”这一概念的解释能力大于“熟人社会”的概念。它表明，在村成员人际关系的高度熟悉并非构成熟人社会的充要条件；熟人社会的形成，还取决于农村社区内“主体”成员的常在。

“无中心场域”②

早在2002年，我以“无主体熟人社会”为题，在《开放时代》发表了短篇学术随笔。此后，我又于2011年在《读书》发表《从熟人社会到“无主体熟人社会”》一文，通过与“熟人社会”的对比，凸显“无主体熟人社会”的特点。在我看来，“熟人社会”的特征是“舆论压人”“‘面子’有价”“社会资本可累积”，“无主体熟人社会”的特征是“舆论失灵”“‘面子’贬值”“社会资本流散”“熟人社会特点的周期性呈现”。我想揭示的是：“‘无主体熟人社会’的四个特征，显示了变迁中的中国农村社会的特性，也显示了‘无主体熟人社会’这一

② 本节原刊于《中国农业大学学报（社会科学版）》2020年第5期，原题为《“无中心场域”：乡村社会治理中的危机与生机》。

概念的解释能力大于‘熟人社会’的概念。它表明，在村成员人际关系的高度熟悉并非构成熟人社会的充要条件；熟人社会的形成，还取决于农村社区内‘主体’成员的常在。”

“无主体熟人社会”概念的提出，是为了推进对空心化乡村社会的理解。虽然乡村空心化的趋势至今未见得以扭转，但时过境迁，随着微信这一新的媒介技术在乡村的普及，乡村的舆论场域和社会运作逻辑也在悄悄地发生一些令人关注的变化，呈现与“无主体熟人社会”不同的特点。

我们知道，舆论压力的形成，有赖于一定数量的生活共同体成员与口头传播中的舆论放大效应。如果乡村社会的主体（中青年）常年不在村，则舆论难以形成，此即“无主体熟人社会”里的“舆论失灵”。但在乡村的微信群里，舆论场域又被构建出来了，只不过这是一个无中心的场域。

下文以孙村的两次修路为例说明这个问题。

我在《孙村的路：后革命时代的人鬼神》（法律出版社 2014 年版）一书中记录了 20 世纪 90 年代孙村修路的过程。[③] 时隔 20 多年，孙村在 2020 年疫情期间再次修路，两次修路都是民间自发的行为，但动员机制却很不同。

20 世纪 90 年代，农民负担普遍比较重，除了完成农业税，还要交纳名目繁多的费用，此即所谓的“乱收费”现象。当时农村的收费工作是通过层层包干的机制来推行的。比如镇里下达指标，要求一个行政村今年必须完成多少万元的税费上缴任务。一个行政村之下又有很多自然村，行政村就划了不同片区，行政村对片区也实行包干制，负责某片区的村干部如果完成不了包干任务，就得自己掏钱填补；如果超额完成任务，剩余的则归其自己所有。包干片区的村干部为了完成征收任务，就必须依靠自然村里的民间权威，通过民间权威了解本村各家各户的经济情况。在这个过程中，民间权威扮演了非常重要的角色，这个角色与杜赞奇（Prasenjit Duara）所说的“保护型经纪”差不多。虽然国家行政力量在这一时期不断向农村基层及各个家户扩张，但由于基层政权需要依赖民间权威，民间权威正好也可以出于村庄自身的利益需要主张公益事业，要求村干部给予配合支持。20 世纪 90 年代孙村的修路就是由民间权威发起民间乐捐，然后让包干片区的村干部出面征地而协力完成的。值得一提的是，不同于流行的“国家—社会”分析框架，民间社会即使在 20 世纪 90 年代行政力量层层渗透和压力之下依然保有其活力。

进入 21 世纪，国家大力整顿农村“乱收费”现象。2000 年“费改税”和 2006 年取消农业税之后，乡村基层的税费征收完全被取消。这看上去是对农民生计及乡村发展非常有利的事情，却又导致了另一些负面后果，此即“后税费时代”的乡村治理问题。一方面，此前因为征收税费和包干制，乡村干部非常有动力去走基层，深入乡村。可是在税费被取消后，基层干部失去了走村串户的动力；再加上“零上访”的行政考核指标要求，乡村干部逐渐不敢也不愿再深入基层去解决那些实际的、涉及乡村公共利益的问题。而另一方面，在以财富为人生“成功”的唯一标准取向之下，乡村社会里基于公正、道义等声望的民间权威也开始式微。乡村干部下不去，民间权威出不来，这可以说是中国乡村社会治理中的一种危机。以至于像孙村这样民间权威本来非常活跃的村庄，在 21 世纪开始后的 20 年时间里，再无兴办过一桩值得一提的民间公益项目。

而 2020 年的春天，由于疫情，所有本应该在春节后分赴全国各地创业经商的中青年人全部受阻，滞留在孙村达三四个月之久，这是自改革开放以来 40 多年里从未有的情景。疫情造就了一个特殊的时段，在这期间，孙村的公益事业蓬勃发展。通过“爱家乡”微信群募捐，滚动筹集了 100 多万元的善款，陆续完成了桥梁加固拓宽、水渠护栏加装、村道硬化、路灯照明建设等一系列公益项目。

20 世纪 90 年代的孙村修路，是由民间权威发动的，包片村干部配合的，有计划、有目标的公益行动。而在 2020 年春孙村的公益热潮中，基层行政与民间权威都是缺席的，真正发挥作用的是孙村的“爱家乡”微信群。这个微信群的成员数在最高峰时也没有突破过 120 人，基本上都是孙村外出创业经商的中青年。这批人虽然同村，但由于平时各自在外，相互之间并不熟悉。尤其是 20 世纪 90 年代后出生的青年，从小跟随父母外出，即使见面，也可能叫不出对方名字。加上这个微信群并不实行实名制，群里昵称满天飞，虽然讨论热热闹闹，但却是一个无中心的言论空间。其“无中心”特点典型体现在这次孙村公益热潮的无计划性与滚动性。一开始，其实只是几个同宗的年轻人在线下商议建一块景观性的墙屏，不料引出了拓宽加固此墙屏边上的一座旧桥的动议。“爱家乡”微信群发布此动议后，捐款不断，加上疫情期间中青年集聚村里，人力充裕，线上的捐款几乎与线下的工程施工同步进行。由于款项超过修桥所需，有人因此在群里倡议不如再去固化村道。如此往复，滚动衍生出始料不及的其他五个公益项目，微信群里的人也前前后后捐款了四五次。值得注意的是，大家因为疫情而滞留村里，其实完全可以进行线下联系，但几乎所有的捐款与讨论都是在线上进行的。

在一个成员之间并不相互熟悉的、没有中心的微信群里，为什么可以激发出如此巨大的公益热情？为什么弃唾手可得的线下联系于不顾而转入线上联系？这需要回到“爱家乡”微信群。这个微信群里成员之间虽远未达到“熟人社会”的相互熟悉程度，但微信这一新的技术媒介却很好地建构起一个特殊的场域，在这个场域中，不仅时空被压缩，而且陌生感也被压缩。

我在《从熟人社会到“无主体熟人社会”》一文中指出，只有乡村社会成员达到一定数量并且相互熟悉，乡村的舆论才可以产生并保持一定的压力，所谓“一传十，十传百”。如果作为社会主体的中青年长期不在村，则可能导致舆论弱化乃至失灵。原本乡村的舆论传播需要一个过程，而因为微信群的存在，舆论的产生在瞬间就基本完成了。这种无中心、靠事件带动而形成的场域，能够让大多数人快速地了解公共意见的产生，并将舆论收集和放大。在“爱家乡”微信群里，舆论的产生不需要在时间和空间上展演（如“一传十，十传百”）。我们知道，在实体的乡村社区里，舆论传播的过程可能也是逐渐放大舆论效应或者扭曲事实的过程（所谓“唾沫淹死人”），但在微信群里舆论传播的时间和空间被压缩的同时，舆论传播过程中扭曲事实的可能性也被降到最低程度。而且，微信群里成员的昵称化，也使舆论传播不取决于成员之间的熟悉程度。因此，“爱家乡”微信群的动员能力其实大大超过线下。

但这并不等于说“爱家乡”微信群的舆论传播可以不受到挑战。目前，农村里的微信用户还是明显存在年龄分层的现象。在“爱家乡”微信群里，只有一两个成员的年龄超过60岁。也就是说，孙村绝大部分的老年人都不在“爱家乡”微信群里。本来，微信群里舆论的发酵传播几乎是在闭环中实现的，但由于疫情期间微信群里的成员滞留村中，并且微信群中讨论的又是本村的公益事情，群中舆论难免溢出，传到某些感觉被边缘化的线下老年人的耳中。加上这些老年人不了解微信群中的讨论动态，在信息不对称的情况下，可能在线下制造出偏离事实的负面舆论。因此，在同样一件事情上，出现线上线下两种舆论，并且二者之间展开竞争。

有学界朋友问，孙村在这次疫情期间通过一种无中心场域的社会关系结构形成了合作，问题是，微信平台在很多乡村都会被应用，但并不是所有的乡村都能产生孙村这样的积极效果，其背后的社会机制以及乡村公益得以发生的基础是什么？

孙村所在的莆田沿海乡村的“同乡同业”特别发达，因此特别看重乡土社会的团结问题。而如果将孙村的案例放到更抽象的意义上来讨论，它所体现的则是乡土社会的一种韧性，即乡村在不同的历史时期、不同的发展阶段都会碰到各种各样的社会团结、社会治理的危机，可是乡土社会的力量还是会以不同的方式表现出来。这次疫情期间孙村在“爱家乡”微信群里爆发出的公益热情，说明乡村社会借助新的媒介技术正在形成一种新的关系格局。虽然仍然存在着中青年与老年人之间因技术鸿沟而导致的信息不对称的问题，但应该看到，中国的乡村社会依然是有韧性和活力去应对空心化和“无主体熟人社会”带来的困局的。

还有朋友问，在无中心场域的背后或许还是存在着固有社会秩序和社会关系网络。此外，危机作为无中心场域发挥作用的一个突出契机，是否有可能使无中心场域发展成一种有效的稳定机制？

无中心场域的背后肯定还是会有社会结构的作用，只是这种结构不一定还是像以前那样围绕中心（如民间权威）而形成。在莆田这样的地方能够利用微信群形成一个无中心的场域，仍然需要一些条件的配合。如孙村“爱家乡”微信群的活跃，是因为有事件的带动。而且孙村还是有一些比较活跃的、在外经商较为成功的、有意愿参与推动乡村社会公益的人存在，只是这些人可能还并不具备成为一个自然村的权威人物所应有的那种名望，而是要通过做事情来累积他们的社会资本，因此他们也乐意活跃于家乡微信群中。也许他们在未来可能会成长为乡村社会里的民间权威，只是在目前阶段这个场域还是无中心的。

家乡微信群所构建的无中心场域既是目前乡村社会民间权威式微的反映，也是新媒介技术塑造乡村人际交往方式的表现。因此，如果乡村民间权威还可以复现，也许无中心场域将得以改观。而如果新媒介技术对乡村人际交往方式的塑造进一步广泛并且深入，那么，即使乡村社会里出现了以民间权威为中心的秩序，微信群里特有的言论生态和舆论形成方式也将使无中心场域长期存在。家乡微信群虽然也是一个线上群落，但它是有鲜明地缘性的，一定是线上与线下互动交织着的，激发着群内与群外力量、舆论博弈的。此不可与城市里各种基于业缘、友缘、情缘的微信群一概而论。

因此，家乡微信群并非虚拟社区，也不仅仅是安德森（Benedict R. Anderson）界定的“想象的共同体”。它源于乡村社会，又是对乡村社会的“超克”，即超越乡村社会的空心化并且克服其某些弊端（如“无主体熟人社会”中的舆论失灵等）。关注家乡微信群这个无中心场域，不失为对空心化乡村社会、“无主体熟人社会”研究的推进。从更一般的意义上说，乡村社会研究需要将家乡微信群的动态纳入视野，将家乡微信群作为一个重要的田野点。就像你去巴黎、伦敦、纽约、东京等国际大都市观光，如果只是在路面上步行，触目所见无非老者、外来者乃至流浪汉，而那些都市里最有活力的常住人口却在你视野之外的地铁里通行。类似的是，我们现在做乡村研究，尤其是做空心化乡村研究，如果只是在空心化乡村社区做调查，访问留守老人、留守妻子、留守儿童，其所得结论大体是令人沮丧的。而家乡微信群（如果有的话）则可能是另外一番景象，那里有村里年轻人不完全依赖熟悉程度的交流，有各种建设性的议题设置，有时空压缩下舆论的瞬间形成与切换。这个无中心场域是空心化乡村的一部分，但与其说是空心化乡村的延伸，不如说是空心化乡村的转世。这也是我所说的当前乡村社会治理中的危机与生机所在。

不在村“乡贤”治村

农村空心化的实质是工业化、城市化及资本主导的经济对农村人、财、物的持续不断的吸纳与吞噬，从而导致农村社会的解体、人际关系的离散、社会资本的流失，农村社会失去了自我组织、协调、行动的能力。因此，才有当下政府及社会舆论呼吁“乡贤”治村。

在传统中国农村，“乡贤”大体上是一些在地的文化人，他们精于地方性社会知识，善于协调“情”“理”“法”，是乡村社会各种矛盾冲突的调解人以及乡村各类公共性活动的发起者。在传统的礼俗乡村，他们不一定是富甲一方或者位高权重的人士。不过，在“先富光荣”的后革命时代里，是财富而不是社会、文化名望（或者说财富就等同于名望）成为衡量“成功”人士的唯一标准，传统的在地“乡贤”被视为落伍人士；新进“乡贤”几乎都是那些“衣锦”而并不“还乡”的非富即贵的中年人，他们常年在外打拼，年底难得回家“显摆”一趟，基本上是一些不在村“乡贤”，他们对家乡社会矛盾的调解不再遵循乡亲的情理原则，而往往借助其在家乡之外的社会动员能力或者纯粹的以“财—势”压人，把矛盾摆平。这样的不在村“乡贤”及其处理矛盾的方式，显然并不能发挥乡村自治的功效。今天所谓的“乡贤治村”，其实差不多就是“富人治村”的另外一种表述。

在粤北云浮市云安区某偏僻山村，不期然出了几位成功的在外经商人士。在“乡贤治村”的号召下，他们自然构成了“乡贤理事会”的主体。客观地说，这些人对家乡还是相当认同的，他们采取轮值制轮流值班，每人每次在村值班一个月。2015 年夏季，我前往该村了解“乡贤治村”的情况，访问到了村委会主任和当月在村值班的一位“乡贤”。我问平时值班的内容有哪些，“乡贤”说主要是抓项目制工程，督促进度。原来，在“乡贤”们的努力之下，该村申请到了上级政府批准的旧村改造项目。“乡贤”们依照城市生活模式，在这个山清水秀之地修建铺了草坪的小型公园，还计划进行旧村改造建高层公寓让农民上楼、拦溪筑坝蓄水养鱼做乡村旅游。在挖土机的隆隆声中，我顺便问了一位大概属于村中弱势群体的老人，老人说他并不知道这一揽子的发展规划。

当我们说到今天中国农村社会变迁的时候，大多只注意到农村的空心化，其实，另外一种变化同样重要并且不容忽视，那就是农村的贫富悬殊、阶层分化。在一个阶层分化的农村社会里，在一种赢者通吃的竞争性社会机制内，农村里的富裕阶层不仅拥有经济资本，还拥有社会资本、文化资本和政治资本，从而成为一些人眼中的农村精英。当我们说发动社会力量、依靠社会力量的时候，这个“社会”其实并非农村社会中的全体村民，而只是极少数的今天被称为“乡贤”的农村富人。“依靠社会”与“发动群众”在字面上貌似相差无几，其实体现了两种不同的立场、不同的工作作风和工作方法，即究竟是依靠少数富人，还是依靠绝大多数并非富人的群众。今天，农村富人成了地方政府在推进项目进村过程中重要的项目投标者和承接者，这也被称为“精英俘获”。在地方政府项目依靠富人，同时富人也善于与地方政府进行项目合作的局面下，形成了农村社会里日益固化的权力结构、利益链条以及对非精英即一般群众的排斥机制。因此，不在村“乡贤”治村可能与“群众路线”背道而驰。

因为农村空心化、社会式微、群众发动难，政府不得不采取项目制的方式向农村供给公共产品，无奈农村已经是一个阶层分化的农村，进村的项目被“精英俘获”之后反而进一步扩大了农村社会的阶层分化，使农村社会结构更加固化。那么，农村公共产品有效供给的问题果真只能是一个不断陷入恶性循环的无解的问题吗?

打破这个恶性循环的关键，就在于开展农村社会建设。如果说政府加大力度向农村供给公共产品是建设农村的治标之举，那么，重建农村社会应该作为农村建设的治本之策。农村社会恢复生机了，回到常态了，也就可以真正动员群众、依靠群众，有效开展一系列的农村公共产品供给。

对政府来说，找到农村社会建设的抓手至为重要。面对空心化和阶层分化的农村，政府应该并且可以将其从外部向农村输入资源作为开展农村社会建设的重要抓手，只不过应该适当淡化资金拨付部门的意志，降低由中央政府各部委指定专门用途、戴上各种“帽子”的项目的比例，改变目前项目制中清一色的由上而下指定项目任务的做法，而相应增设由下而上提出在地差异化需求的项目。同时，政府在项目落地的过程中，应改变工作方法，变依靠“社会”、青睐不在村“乡贤”为依靠群众、发动群众。从深入群众，了解群众需求，引导群众形成需求共识，到发动群众献计献策，参与项目施工、验收以及项目完工后的日常管理，自始至终奉行群众路线。这样，一个农村公共产品供给项目的落地，就是农村社会的一桩公共事务，它会有效增加空心化农村村民的互动，拓展空心化农村社会生活的公共性，扭转空心化农村“社会资本”的负增长趋势，松动农村社会的阶层固化。而这，需要我们抛弃对不在村“乡贤”治村的“迷信”。

白凯（Kathnyn Bennhandt）教授在《长江下游地区的地租、赋税与农民的反抗斗争 1840—1950》一书中讨论到了近代江南的“不在村地主”：“大土地所有者迁离乡下，这对地主、国家和佃户之间的关系产生了若干重要影响。地主和佃户、精英和农民之间人际关系的变化，在农村社会中产生了一个领导权的真空，从而需要国家更多地介入农村事务。”“过去，精英成员以乡居大地主的身份承担着极其重要的社区工作；现在，绅董和地方政府则取而代之。因此，精英对农村社会的控制，逐渐更少地以对土地的私人控制、与农民的密切联系为基础，而是更多地以半官方的公共活动、与地方官员的私人联系为基础。”历史与现实之情景何其相似：不在村地主与农民关系疏离而与官员的联系日益紧密，这种情况与今天不在村“乡贤”与本村村民、地方政府的关系如出一辙。而不同的是，近代不在村地主留下的乡村权力的真空最终由地方政府填补，而今天我们的地方政府在面对乡村空心化的治理困局时，却寄希望于不在村“乡贤”。历史的事实是，近代不在村地主的出现，导致其与农民关系的恶化以及农民更加密集而激烈的抗租抗税斗争，以致地租关系濒临崩溃。这，也许可以给不在村“乡贤”治村现象敲一记警钟。

农村空心化、阶层分化及“项目制”背景下的公共产品供给③

时至今日，从中央财政到地方财政，财政预算中包括农村公共产品供给的涉农资金逐年增加，数额不可谓不巨，但资金使用的绩效却不尽如人意。我们需要探究导致绩效不佳的原因何在。

说到原因，人们首先会想到“挪用”的问题。的确，来自上级政府的涉农资金在拨付到农村的过程中难免存在“跑冒滴漏”的现象。但在我看来，主要的原因在于农村社会的空心化。对一个社会空心化的农村来说，最缺的不是做事情所需要的资金，而是做事情所需要的可以自组织起来的在地群众。如果有资金而缺乏可以自组织起来的在地群众，那么，在地群众

③ 本节原刊于 2015 年 9 月 3 日《学习时报》，原题为《农村“空心化”状态下的公共产品供给》。

就很难形成需求的共识，也很难真正去共享公共产品。而拨付给农村的涉农资金就犹如进入一个漩涡，钱是花出去了，但可能只是在水面冒了一个泡就不见踪影了。在此问题上，绝非有钱就可以把事做好。

农村空心化的实质就是工业化、城市化及资本主导的经济对农村人、财、物的持续不断的吸纳，从而导致农村社会的解体、人际关系的离散、社会资本的流失，农村社会失去了自我组织、协调、行动的能力。虽然我们一直强调“政府主导、农民主体”原则，要求各级政府充分尊重农民的主体地位，发挥农民的积极性和创造性，但在农村公共产品供给过程中，政府主导和农民主体的关系一直未能处理好。这不仅因为基层政府行政越来越囿于科层体制，不能深入基层发动群众，还因为农村空心化，农民失去了被发动的意愿及自组织的能力，也就是说，是“农民主体”本身出现了问题。既然农民不好发动，那就另起炉灶、体外循环。基层政府急于求成，为了出政绩，于是便有了“项目制”的出笼。

“项目制”是指政府运作的一种特定形式，即在财政体制的常规分配渠道和规模之外，按照中央政府的意图，自上而下，以专项化资金方式进行资源配置的制度安排。“项目制”的核心在于中央用“项目”的奖励来引导、调动、激励下级政府与项目承包者，包括非政府的投标者（企业或者个人），政府间的分配资金越来越依靠“项目”的方式进行。例如，“新农村建设”的“八大工程”（亦作“十大工程”）即包含了不少于94项不同的专项项目（如道路、河道、绿化、社区建设等）。今天，地方政府和众多村庄都在积极“跑项目”“抓项目”“包项目”，形成了足可与“招商引资”媲美的“项目进村”热潮。“项目制”规模巨大，涉及面广，已经成为农村公共产品供给中的主要机制。

关于“项目制”的评价，目前褒贬不一。有观点认为，中国社会和治理的关键机制已经从之前的“单位制”转型为“项目制”，这种转型代表了治理的现代化、专业化和技术化。另一种观点则认为，“项目制”其实是逐利价值观下形成的权—钱结合，这种机制导致社会越来越不公平，亟须警惕和改革。

一项利民的农村公共产品供给工程，在以“项目制”落地实施的过程中，可以完全以市场化机制运作，而与大多数一般群众不相干。通过走群众路线让农村公共产品供给项目落地，看上去要比依靠精英更为费时费力，可是社会建设本来就是一项日积月累的、需要投入“绘画绣花”般工夫的漫长的基础性工程，既等不得，也急不得。农村的社会建设并不是由上而下地以行政手段在农村建立一些徒有其表的“空壳化”组织，而是尊重群众自身的要求和农村社区的需要，通过社区事务的带动和社区成员的参与互动，有机地萌生社区的合作团体，重现农村草根社会的蓬勃气象。

目前在农村空心化、阶层分化以及“项目制”盛行背景下的公共产品供给事实上存在诸多悖论。我认为，跳出悖论的不二法门是重返群众路线，将政府向农村供给具体的公共产品的过程锻造成推进农村社会建设的可靠途径，将政府推动农村社会建设视为政府眼中最迫切、最重要、最大宗的农村公共产品供给。这是我对中国农村公共产品供给及项目实施制度改革的期待。

乡村自治及其对本土社会资源的利用④

在谈论乡村自治时，有人看重基层民主的程序与实践，有人则更为关心治理的实际效果。之所以作出这两种情形的区分，是因为的确存在着对乡村自治的不同期待，或期待其担当训练基层民众民主素养的重任，或期待其以低组织成本达成“善治”与“良序”。如果是前者，往往对本土社会资源持排斥态度；如果是后者，则对本土社会资源表现出亲和力。

我认为，乡村自治的制度设计不能理解为是为了给将来某些民主政治实践探路铺石，而是应该理解为是为了乡村自身的社会延续与发展。明乎此，我们在开展乡村自治的过程中，就应该逐渐放下歧见，宽容、接纳并且珍惜积存于乡村的本土社

④ 本节原刊于 2015 年 5 月 25 日《学习时报》，原题为《乡村自治要注重对本土社会资源的利用》。

会资源。

现在对于传统儒学，党和国家领导人都予以了明确肯定。但奇怪的是，作为儒学精神载体的宗族却仍然被普遍污名化。既然肯定了儒学，为什么还要把宗族当作完全负面的东西呢？我们在农村做调查时，与村镇干部座谈，往往一问到宗族问题，他们就非常敏感，说“我们这里坚决打击”，说“你不用担心这个问题”。我说，“我恰恰跟你们是不同的意思，我希望宗族在村民自治中发挥正面的作用”。如果我们一方面肯定儒学，另一方面又打压宗族，那么儒学的根在哪里，基础在哪里？

长期研究华南农村宗族组织的香港中文大学科大卫（David Faure）教授认为，宗族既是一种社会组织又是一种经济组织，现代公司治理中所有我们认为是先进的形式与要素，全部在作为一个经济组织的宗族中体现出来了。宗族之所以有活力，首先是因为它是一种经济组织。宗族的经济基础来自族田。在珠江三角洲，族田占全部耕地面积的比例往往在30%～50%，甚至更多。今天宗族的经济基础没有了，怎么办呢？在宗族社会网络尚存的地方，可以探索动员族人捐款兴办宗族公共事务的途径。如广东省佛山市的不少乡村，近年陆续成立理事会，以传统祠堂为空间载体，兴办村内公益事业。而地方政府也顺应潮流，如佛山市三水区社工委提出建设“新祠堂文化”，借力族人捐款修缮村内宗族祠堂，并将之打造成多功能的村民公共活动空间。

当然，地方政府在这个过程中也是可以有所作为的。最可行的办法是从政府的公共财政那里切一块蛋糕出来。那政府这个公共财政通过什么渠道以及凭什么依据下村？现在屡屡提及社会建设，但事实上是缺乏抓手的。首先是找不到人去做事，即使有人做事，也不容易形成村民的需求共识。在社区服务方面，现在提倡政府向社会购买服务。不过，目前政府向社会购买服务的项目，基本集中在城市社区。有资格承接政府购买项目的，也都是城市里经过民政部门登记注册的社会组织。政府向社会购买的服务项目，还没有涵盖农村，但农村尤其是空心化的农村，是非常需要有人去开展公益项目的，而政府已有的通过行政渠道、以项目制的方式提供农村公共产品的公益项目的绩效是比较差的。

在农村，除了较大型的道路、水利工程，还有不少小的公共项目需要开展，如有历史价值的古建筑的维修、河道水塘清淤疏浚、小公园美化绿化、公共文化娱乐空间的活化利用等。如果我们能够达成一个新的共识，即政府向社会购买服务的项目还涉及满足农村社区的一些需求，那么接下来的问题是，究竟由谁来承接这些农村的公共项目？我认为最好不要由城市里的社会组织来承接，因为它们的工作方式乃至理念都可能与农村社会产生冲突，二者之间的结合有难度。接地气的可行办法是让乡村里的老人协会、宗祠理事会、神宫社庙的董事会来承接这些事务，不仅因为这些组织中的人了解本村的需求、可动员各种资源，还因为他们热心公益，在村民中有名望、受拥戴，开展工作的组织成本低。也就是说，我们应该允许这些真正的乡土组织去承接政府向社会购买的农村社区项目，让这些在地的乡土组织也成为政府眼中的“社会组织”的一部分。这些乡土组织当然都未经注册登记，如果这些乡土组织非得履行注册登记手续不可，希望民政部门能够放低注册的门槛，方便它们顺利登记成为社团法人。这样的话，政府向社会购买涵盖农村的服务项目时，就可以把这些机构视为“社会组织”，并允许它们申请政府向社会购买服务的项目，让这些乡土社会组织活起来、运作开来。

乡村自治不是一场在无菌实验室内的实验，它需要在地的、敞开状态下的对乡土所有社会资源的自觉接纳和创造性利用。而乡土社会资源的利用及再造，是需要公共政策加以激活的。

后　记

本书是笔者近年来有关农村研究文字的结集，为了论题的连续与扩展，还收录了此前分别收入《孙村的路：后革命时代的人鬼神》和《无主体熟人社会及社会重建》这两部著作之中的《“界外”：中国乡村“空心化”的反向运动》和《从熟人社会到“无主体熟人社会”》这两篇文章。

之所以有这些年来断断续续但又有一定相关性的调研写作，要归功于诸家学术刊物主编的热情约稿，他们是《天府新论》的谢莲碧、《马克思主义与现实》的黄晓武、《南京农业大学学报（社会科学版）》的宋雪飞、《中国农业大学学报（社会科学版）》的叶敬忠。

值得一提的是，2020 年 4 月 20 日，黄宗智教授写信给我，说他注意到了我“2016 年以来与合作者写的三篇关于小农经济发展出路的文章，包括初步提出‘去能’（去主体性）的想法，觉得起到很好的作用……‘去能’概括，觉得既新鲜也很有潜力。不知会不会形成一篇研究文章?”。正是在他的鼓励之下，我才与陈奕山博士合写了《“去能—赋能”视角下的小农户发展研究》一文，发表在《马克思主义与现实》2021

年第 5 期，即本书第三章的内容。

最后，我要特别感谢中国人民大学出版社任晓霞编辑。2021 年夏季，她与我取得联系后便热情邀约书稿，她的敬业精神及专业作风令人印象深刻。一年来，我们多回合商榷书稿内容的修订，使拙著的一些表述更为准确，在结构安排上也更为合理。

在写作过程中，张慧鹏博士、陈奕山博士及博士生杨思敏、龚城先后帮忙搜寻有关数据、核对引文，在此一并致谢！

吴重庆

2022 年 11 月 11 日于中山大学华南农村研究中心

图书在版编目（CIP）数据

超越空心化 / 吴重庆著 . -- 北京 ：中国人民大学出版社，2023.2

ISBN 978-7-300-31403-7

Ⅰ. ①超… Ⅱ. ①吴… Ⅲ. ①农村经济发展—研究—中国 Ⅳ. ①F32

中国国家版本馆 CIP 数据核字（2023）第 016700 号

超越空心化

吴重庆　著

Chaoyue Kongxinhua

出版发行	中国人民大学出版社		
社　　址	北京中关村大街 31 号	**邮政编码**	100080
电　　话	010－62511242（总编室）		010－62511770（质管部）
	010－82501766（邮购部）		010－62514148（门市部）
	010－62515195（发行公司）		010－62515275（盗版举报）
网　　址	http://www.crup.com.cn		
经　　销	新华书店		
印　　刷	北京宏伟双华印刷有限公司		
规　　格	148 mm×210 mm　32 开本	**版　　次**	2023 年 2 月第 1 版
印　　张	7 插页 2	**印　　次**	2023 年 2 月第 1 次印刷
字　　数	126 000	**定　　价**	69.00 元